中等职业教育"十三五"规划教材
中职中专国际商务专业创新型系列教材

外贸单证基础

叶碧琼　朱琦晓　主编

科学出版社

北　京

内 容 简 介

　　本书在编写体例上突破了知识体系模式，以单证员岗位所需知识为基础，以项目任务为引导，以岗位能力要求为标准，突出了知识的应用型，并设置了"即问即答""学中做""加油站"等小栏目。

　　全书内容包括国际商务单证基础工作，单证流转程序，报检环节单证、报关环节单证、运输环节单证、保险环节单证、货款收付环节单证和出口退税环节单证。

　　本书既可作为中等职业学校国际商务专业教学用书，也可作为国际商务工作人员的参考、培训用书。

图书在版编目（CIP）数据

外贸单证基础/叶碧琼，朱琦晓主编.—北京：科学出版社，2016
（中等职业教育"十三五"规划教材·中职中专国际商务专业创新型系列教材）
ISBN 978-7-03-050454-8

Ⅰ.①外… Ⅱ.①叶… ②朱… Ⅲ.①进出口贸易-原始凭证-中等专业学校-教材 Ⅳ.①R740.44

中国版本图书馆 CIP 数据核字（2016）第 262242 号

责任编辑：贾家琛 李 娜 / 责任校对：刘玉靖
责任印制：吕春珉 / 封面设计：艺和天下

科 学 出 版 社 出版
北京东黄城根北街 16 号
邮政编码：100717
http://www.sciencep.com

铭浩彩色印装有限公司印刷
科学出版社发行 各地新华书店经销
＊

2016 年 11 月第 一 版　　开本：787×1092　1/16
2016 年 11 月第一次印刷　　印张：11 1/4
字数：267 000

定价：28.00 元
（如有印装质量问题，我社负责调换〈骏杰〉）
销售部电话 010-62136230　编辑部电话 010-62135763-2041

中等职业教育"十三五"规划教材
中职中专国际商务专业创新型系列教材

编 委 会

丛 书 序

　　近年来，中国货物进出口总额持续增长。2014 年，全年货物进出口总额 26.43 万亿元，比上年增长 2.3%。进出口差额（出口总额减去进口总额）23.49 万亿元，比上年增加 7395 亿元。中国外贸发展带动了与对外贸易相关行业的大力发展。2015 年，全球经济总体复苏乏力，前景艰难曲折，国内经济下行压力较大，对外贸易发展进入新常态。出口 14.14 万亿元，下降 1.8%；进口 10.45 万亿元，下降 13.2%。

　　短暂性贸易低谷度过后，国际贸易的前景依旧十分光明。对外贸易的快速增长必然对国际商务人才产生巨大的需求。当前，中国外贸人才的匮乏与该行业的蓬勃发展极不相称。为了适应国际商务专业的教学改革，以及以就业为导向的培养目标，我们和科学出版社合作，以教育部新版的中职国际商务专业教学标准为基准，编写了中职中专国际商务类教材系列。

　　总体来说，本套教材的编写特色体现在：

　　1．力求把职业岗位能力要求与专业的学科要求融入教材，以能力为本，体现对学生应用能力培训的目标。

　　2．注重技能的训练，在基本原理的基础上将技能实训引进来，让学生通过实训学会解决实际问题。

　　3．与行业职业考试相衔接，在内容和练习等方面紧扣相关考试要求。

　　4．注重对新知识的讲解，适应不断变化的国际贸易环境，以提高学生的适应力。

　　本套教材完全适合国际商务专业核心骨干课程的教学需要，同时兼顾了外贸行业的外销员、货代员、单证员、报关员、报检员、跟单员等行业职业考试的要求，既可以作为广大中职中专院校学生的教材，还可供从事外贸业务人员作为专业培训的参考用书，对参加有关职业考试的人员也不无裨益。

中职中专国际商务专业创新型系列教材编委会主任

中国国际贸易学会常务理事

姚大伟教授

2016 年 5 月于上海

前　言

本书是根据教育部 2014 年颁布的《中等职业学校专业教学标准》编写的中等职业教育"十三五"规划教材。

截至 2015 年 7 月，中国加入世贸组织已十五周年，贸易保护期结束，这对我国的进出口企业提出了更高的要求，带来了更大的挑战。同时，对中等职业学校国际商务专业的人才培养也提出了新的要求。为了使中等职业教育能够培养出符合行业需要、具有较强实践能力的人才，编者编写了本书。

外贸单证基础作为国际商务专业的核心课程之一，是学生将来从事国际商务相关岗位必须学习、掌握的。本书的编写体现了以下特点：

1）在体例上突破了以往知识体系的模式，以中职学生将来从事的单证员岗位要求所需基础知识为基础，以项目任务为引导，以岗位能力要求为标准，将课程内容进行了必要的整合。

2）采用项目-任务的结构，突出了知识的应用型，以求更加贴近单证员岗位的实际。

3）通过"即问即答""学中做""加油站"等小栏目对书中的内容做了必要的拓展与补充，既拓展了学生的知识面，又贴近国际贸易工作的实际。

根据《中等职业国际商务专业教学标准》，本课程总学时为 108 学时，学时分配建议如下表：

课程内容	学时数			
	总计	基础模块	实践与练习模块	机动
项目一　初涉国际商务单证工作	4	3	1	
项目二　探知单证流转程序	6	4	2	
项目三　探知报检环节单证基础	15	12	2	1
项目四　探知报关环节单证基础	15	12	2	1
项目五　探知运输环节单证基础	15	12	2	1
项目六　探知保险环节单证基础	15	12	2	1
项目七　探知货款收付环节单证基础	30	25	3	2
项目八　探知出口退税环节单证基础	3	2	1	
复习考核	5			5
总计	108	82	15	11

本书由宁波市鄞州职业教育中心学校叶碧琼、朱琦晓担任主编，由朱琦晓负责统稿，具体编写分工如下：项目一由杨峥莹编写；项目二由侯旭编写；项目三由蔡波娜编写；项目四由史燕珍编写；项目五由陈佳编写；项目六由李佳乐编写；项目七由叶碧琼与朱琦晓

编写；项目八由徐琴飞编写。

由于编写时间仓促，编者的水平和学识有限，加之国际贸易形势发展较快，书中难免存在一些疏漏和不足，恳请读者提出宝贵意见，以求不断改进和完善。

编　者
2016 年 7 月

目　录

项目一

初涉国际商务单证工作

项目目标

◇ **知识目标**

明确国际商务单证工作的意义和要求。

◇ **能力目标**

认识国际商务单证员的岗位职责。

项目导读

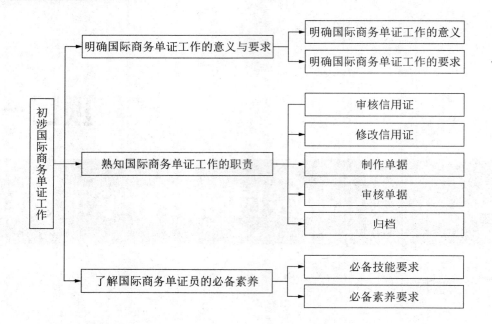

任务一　明确国际商务单证工作的意义与要求

情境导入

宁波青锋文具贸易有限公司（以下简称青锋公司）正在招聘国际商务单证员，王海伦想应聘该岗位。为了顺利通过面试，王海伦自己准备了一些题目。他首先想到的问题是：国际商务单证员是做什么具体工作的？这项工作有什么意义？

◎ **回音壁**

国际商务活动中，由于买卖双方地处遥远，双方只能凭借单证来完成商品的买卖，由此，单证工作成为国际商务活动中一个重要的工作环节。下面，我们和王海伦一起来明确国际商务单证工作的意义。

一、明确国际商务单证工作的意义

（一）国际商务单证的含义

国际商务单证简称单证（Documents），是指在进出口贸易中应用的单据、文件和证书。在国际商务中，由于买卖双方所在的地理位置相对遥远，难以实现"一手交钱，一手交货"，因此，买卖双方可以凭借单证来实现商品的买卖。由此可见，单证工作是国际商务活动中的一个重要组成部分。

（二）国际商务单证工作的意义

1. 单证是结算货款的重要工具

国际商务中常用的贸易术语为 FOB、CFR、CIF，而这些交易最重要的特点就是"象征性交货"，即卖方凭单交货、买方凭单付款。所以，顺利收取货款的关键是正确地缮制各种单证。

2. 单证是履行合同的必要手段和证明

单证贯穿于企业对出口产品的备货、出入境检验检疫、租船订舱、保险、结汇等出口业务的全过程，每种单证各有其特定的功能，它们的签发、流转、交换和应用反映了合同履行的进程。出口商只有履行了约定的义务，才能取得相关单证，没有提交应交付的单证就意味着没有按规定履约。因此，单证是履行合同的必要手段和证明。

 加油站

国际商务单证员

国际商务单证员是指在国际贸易结算业务中，根据销售合同和信用证（Letter of Credit，L/C）条款从事缮制、出具各种国际商务结算单据和证书，提交银行办理结汇手续或委托银行进行收款等工作的人员。

国际商务单证员的工作内容主要是对国际贸易结算业务中所应用的单据、证书和文件，包括信用证、汇票、发票、装箱单、提单、保险单等进行制作处理。

二、明确国际商务单证工作的要求

王海伦明确了国际商务单证工作的重要性，他下决心要成为一名优秀的国际商务单证员。那么，怎样才能成为国际商务单证员呢？单证员工作有哪些要求呢？

国际商务单证工作要求做到"三一致""五要求"。"三一致"是指单证一致、单单一致、单货一致，"五要求"是指正确、完整、及时、简明、整洁。

（一）国际商务单证工作的"三一致"

1. 单证一致

单证一致是指出口方制作或提供的所有单据，与信用证对单据的要求完全一致，没有矛盾。例如，信用证要求汇票上要注明合同号码，出口方提供的汇票上如果未标明合同号码，就会构成单证不符，付款人会拒绝付款。

2. 单单一致

单单一致是指受益人提交的各种单据必须内容相一致，不能彼此矛盾。若单单不符，开证申请人即有可能据此拒绝赎单付款。例如，提单上商品的品名为"100% Cotton Women's Shirts"，装箱单上商品的品名为"100% Cotton Men's Shirts"，就会构成单单不符，付款人会拒绝付款。

3. 单货一致

单货一致是指进出口货物的单证与实际进出口货物相一致。例如，单证上标明的商品为"T恤"，而海关查验后发现货物是"衬衫"，就构成单货不一致，付款人会拒绝付款。

（二）国际商务单证工作的"五要求"

1. 正确

正确包含以下两个方面的内容：

1）要求各种单据必须做到"三一致"，即单据与信用证一致、单据与单据一致、单据与实际货物一致。

2）要求各种单据必须符合有关国际惯例及进出口国有关法令和规定。

2. 完整

完整包含以下三个方面的内容：

1）单据内容完整，即每一种单据本身的内容，包括单据本身的项目、签章、背书等必须完备齐全。

2）单据种类完整，即单据必须是齐全的，遗漏一种单据，就是单据不完整。

3）单据份数完整，即要按规定数量出具所需提交的单据，避免多出或少出。

3. 及时

及时包含以下两个方面的内容：

1）各种单据的出单日期必须符合逻辑。例如，保险单、检验证书的日期应不晚于提单日期，提单的出单日期不能晚于最迟装运期。

2）交单议付不得超过规定的交单期限。

4. 简明

为了防止混淆和误解，不要在单据上加注过多的内容。其目的是避免单证的复杂、烦琐。

5. 整洁

单证的整洁是指单证格式的设计与缮制力求标准化和规范化，单证内容要行次整齐、单证字迹要清晰、语言要通顺、更改处要盖校对章等。如涂改过多，要重新缮制单证。

加油站

"不符点"处理

不符点是指受益人提交的单据与信用证规定条款不符或矛盾的地方。

如果存在不符点，银行一般会扣罚一定金额。单据存在不符点，就是单证不符，银行就可以不承担付款责任，此时能否收到货款取决于客户的信用。如果客户接受不符点，就没问题；如果客户不愿意接受，货物就存在进退两难的情况。

即问即答

国际商务单证工作有什么作用？

参考答案

任务训练

一、单项选择题

1. 单证缮制必须正确、完整、及时、简明和整洁，其中（　　）是单证工作的前提。

    A. 正确   B. 完整

    C. 及时   D. 简明

2. 在信用证支付条件下，应在信用证有效期和交单期内向银行交单办理结汇。如果信用证未做交单时间的规定，应在信用证有效期内，不得晚于提单签发日后（　　）。

在线测试及参考答案

    A. 1 天   B. 11 天   C. 21 天   D. 31 天

二、判断题

1. 外贸单证员是指外贸业务履行中，根据销售合同、信用证条款进行缮制和出具各种单据、证书的工作人员。 （　　）

2. 在单证的"三一致"原则中，"单证一致"是前提。 （　　）

3. 单证的完整性是指单证的份数完整。 （　　）

三、简答题

国际商务单证工作的要求有哪些？

四、案例分析题

某公司从国外某商行进口一批钢材，货物分两批装运，支付方式为不可撤销即期信用证，每批分别由中国银行开立一份信用证。第一批货物装运后，卖方在有效期内向银行交单议付，议付行审单后，即向该商行付货款，随后，中国银行对议付行做了偿付。我方在收到第一批货物后发现货物品质与合同不符，因而要求开证行对第二份信用证项下的单据拒绝付款，但遭到开证行拒绝。

问：开证行这样做是否合理？为什么？

任务二　熟知国际商务单证工作的职责

情境导入

　　王海伦明确了国际商务单证工作的重要性。国际商务单证员的日常工作内容又包括哪些呢？我们继续和王海伦一起来学习国际商务单证员的工作内容。

◎ 回音壁

　　国际商务单证员的工作主要涉及审证、改证、制单、审单、交单与归档等一系列业务活动。其中，任何一个环节的工作都需要细致认真。下面，我们一起来学习国际商务单证员的岗位职责。

一、审核信用证

　　审核信用证是指对国外进口商通过开证行开立的信用证内容进行全面审核，以确定是接受还是修改。出口商审证着重审查信用证的内容与买卖合同是否一致。

二、修改信用证

　　对信用证进行了全面的审核以后，若发现问题，应与银行、商检等相关部门及时探讨，做出妥善的处理。凡是会影响合同履行和安全收汇的，必须要求国外客户通过原开证行进行修改，并坚持在收到银行修改信用证通知书后才能对外发货，以免发生货物装出后修改通知书未到的情况，造成被动以及不必要的经济损失。

三、制作单据

　　按照信用证或合同的规定，制作或取得符合要求的单据。也就是说，缮制的单据要与信用证或合同完全相符。不仅如此，缮制的结汇单据还必须符合 ISBP（International Standard Banking Practice for the Examination of Documents under Documentary Credits，《关于审核跟单信用证项下单据的国际标准银行实务》）的规定。

四、审核单据

审核单据是指对已经缮制、备妥的单据对照信用证（在信用证支付方式下）或合同（非信用证支付方式下）的有关内容进行单单和单证及时的检查与核对，发现问题，及时更正，达到安全收汇的目的。

五、归档

归档是指将处理完毕的合同经系统整理保存。例如，按时间顺序记录每年度各业务进行情况，并将相关资料按序存放，便于管理和查找。

 即问即答

> 国际商务单证员的主要工作内容包括哪些？

参考答案

任务训练

一、单项选择题

1. 一份 CIF 合同下，合同与信用证均没有规定投保何种险别，交单时保险单上反映出投保了平安险，该出口商品为易碎品，而其他单据与信用证要求相符。因此，（   ）。

    A．银行将拒收单据　　　　　　　　B．买方将拒收单据

    C．买方应接受单据　　　　　　　　D．银行应接受单据

2. 审核信用证的依据是（   ）。

    A．合同及 UCP 600 的规定　　　　　B．一整套单据

    C．开证申请书　　　　　　　　　　D．商业发票

3. 信用证修改通知书的内容在两项以上者，受益人（   ）。

    A．要么全部接受，要么全部拒绝

    B．可选择接受

    C．必须全部接受

    D．只能部分接受

在线测试及参考答案

二、判断题

1．一张未记载付款日期的汇票，可理解为见票后 21 天付款。　　　（　　）

2．通常不使用海关发票或领事发票的国家，可要求提供产地证明以确定对货物征税的税率。　　　（　　）

3．不符点的出现只要征得议付行同意并议付完毕，受益人即可不受追偿地取得货款。　　　（　　）

三、简答题

国际商务单证工作的审单环节中，应注意什么宗旨？

四、案例分析题

我国 A 公司向巴基斯坦 B 公司以 CIF 条件出口货物一批。国外来证中单据条款规定："商业发票一式两份；全套清洁已装船的海运提单，注明'运费预付'，做成指示抬头空白背书；保险单一式两份，根据中国人民保险公司 1981 年 1 月 1 日海洋运输货物保险条款投保一切险和战争险。"信用证内注明"按 UCP 600 办理"。A 公司在信用证规定的装运期内将货物装上船，并于到期日前向议付行交单议付，议付行随即向开证行寄单索偿。开证行收到单据后来电表示拒绝付款，其理由是单证有下列不符：

1）商业发票上没有受益人的签字。

2）正本提单由一份组成，不符合全套要求。

3）保险单上的保险金额与发票金额相等，因此，投保金额不足。

4）提单上未表明出单人的身份。

问：开证行单证不符的理由是否成立？并说明理由。

任务三　了解国际商务单证员的必备素养

情境导入

王海伦一心想成为一名国际商务单证员，但他不知道自己是否具备资格。因此他打算去请教一名资深的国际商务单证员，找出自己欠缺的方面。

◎ 回音壁

　　国际商务单证员需具备一定的专业知识与英语知识、计算机操作能力，同时还应具有细心的态度以及良好的沟通能力。接下来，我们跟着王海伦去了解国际商务单证员的必备素养。

一、必备技能要求

　　1. 专业知识及英语水平

　　由于合同和信用证是用英文表达的，且具有较强的专业性，因此国际商务单证员不仅必须具备功底深厚的国际贸易专业知识，还必须具备英语知识。这样才能以合同、信用证为主线理解所有单证的要求并操作。

　　2. 计算机操作能力

　　目前许多单据是通过计算机制作完成的，所以国际商务单证员必须具备操作计算机和应用软件的能力，还要掌握电子报关、电子报检、网上备案、网上申领许可证等技能，以及利用 Internet 进行电子商务活动的技能。

二、必备素养要求

　　1. 细心的态度

　　国际商务单证工作贯穿于备货、出入境检验检疫、租船订舱、保险、结汇等出口业务的全过程，工作极其繁杂。而单证工作的好坏往往会影响货款的收取，因此，国际商务单证员必须具备细心的工作态度，保障单据的质量，从而保证货款的收取。

　　2. 良好的沟通能力

　　国际商务单证员的催证、审证、改证、制单工作往往需要与银行、海关、检验检疫局、货运代理等沟通、协商，因此，国际商务单证员必须具备良好的沟通能力，它是保证工作顺利完成的基础。

 即问即答

为什么国际商务单证员需要具备良好的沟通能力？

参考答案

加油站

ISBP 介绍

ISBP 包括引言及 200 个条文,对跟单信用证的常见条款和单据做出了具体的规定。

ISBP 提供了一套审核适用 UCP 500 的信用证项下的单据的国际惯例,它对于各国正确理解和使用 UCP 500,统一和规范各国信用证审单实务,减少拒付争议的发生具有重要的意义。ISBP 是银行、进出口商、律师、法官和仲裁员在使用 UCP 500 处理信用证实务和解决争端时的重要依据,也是 UCP 600 定立的重要标准。

任务训练

一、单项选择题

1. 根据 UCP 600 的规定,经受益人申请,银行将信用证金额的全部或一部分转让给一个或一个以上受益人时,必须在信用证上注明(　　)。

在线测试及参考答案

A. DIVISIBLE

B. TRANSFERABLE

C. ASSIGNABLE

D. NON-TRANSFERABLE

2. 在信用证业务中,银行的责任是(　　)。

A. 只看单据不管货物 B. 只看货物不管单据

C. 既看货物又看单据 D. 看单据是否与货物相符

3. 根据 UCP 600 的规定,信用证的第一付款人是(　　)。

A. 进口人 B. 开证行 C. 议付行 D. 通知行

二、判断题

1. 银行不接受出单日期迟于装船或发运或接受监管之日的保险单,除非保险单上表明保险责任最迟于货物装船或发运或接受监管之日生效。 (　　)

2. 进口合同采用 CIF 成交时,我方必须办理投保手续。 (　　)

3. 信用证规定装运港为"Chinese Port",受益人在缮制提单时应照打"Chinese Port",

以免单证不符。 （　　）

三、案例分析题

宁波美味食品有限公司收到了美国公司委托银行开来的信用证，发现信用证上货物的品名为"Tomoto"，而合同中成交的货物为 Tomato（西红柿）。

问：需要修改信用证吗？为什么？

项目二

探知单证流转程序

项目目标

◇ **知识目标**

1）了解进出口单证业务流转程序。
2）掌握进出口业务中各环节所需单据。

◇ **能力目标**

1）能够理顺进出口业务中各环节所需单据的先后顺序。
2）能够理解各种单据的作用。

项目导读

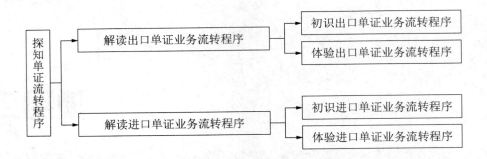

任务一 **解读出口单证业务流转程序**

情境导入

王海伦通过自己的努力，很快接到青锋公司人力资源部的录取通知，被安排到单证部工作。对于初入职场的王海伦来说，还不熟悉单证业务。下面，我们跟随他一起来解读出口单证业务流转程序。

◎ 回音壁

出口单证业务流转程序主要包括四个环节，分别是出口交易前的准备、贸易磋商谈判、签订出口合同和履行出口合同。下面让我们来具体学习吧。

一、初识出口单证业务流转程序

出口单证业务流转程序见图 2-1-1。

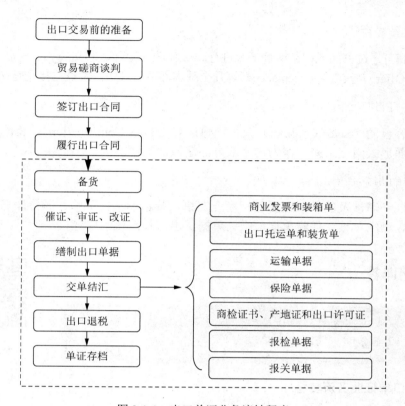

图 2-1-1　出口单证业务流转程序

（一）出口交易前的准备

1. 编制出口计划

编制出口计划并报有关主管部门批准，根据下达的计划与生产供货部门进行衔接，落实货源，做好收购、进货、调整、储存和加工整理等项工作。

2. 进行市场调研

通过各种渠道对国外市场及客户情况进行调查研究，择优选择目标市场和物色交易对象。

3. 制定营销方案

办理商标注册等并制定商品出口经营方案，分析国外市场特点、供求情况、价格趋势，从而确定销售意图、价格幅度、收支方式和推销策略，建立客户关系和推销网，印刷样本，开展广告宣传。

（二）贸易磋商谈判

贸易磋商可通过书面或口头两种形式进行。一般要经过询盘（Inquiry）、发盘（Offer）、还盘（Counter Offer）、接受（Acceptance）等几个基本环节。其中，发盘与接受是必不可少的。

（三）签订出口合同

签订销售合同（Sales Contract）或售货确认书（Sales Confirmation），将洽谈达成一致的内容以书面形式固定下来，作为约束双方的法律性文件。

（四）履行出口合同

履行合同环节涉及的单证主要包括商业发票、装箱单、托运单、商检证书、产地证、出口许可证、运输单据、保险单据、报关单据、出口收汇核销单等。

 即问即答

1）出口单证业务流转程序包括哪些环节？
2）出口业务中会涉及哪些单据？

参考答案

二、体验出口单证业务流转程序

经过出口交易前的准备、贸易磋商谈判、签订出口合同等程序后，即进入履行出口合同阶段，该阶段具体包括以下流程。

（一）备货

1. 下生产订单

业务部确定交货期后，给生产部门下订单（图 2-1-2），及时安排生产。

华生有限公司生产订单

TO:　　　　　　　　　　　　　　　　　　　　　　　　　订单号码：
　　　　　　　　　　　　　　　　　　　　　　　　　　　订单日期：

品名	规格型号	数量	包装方式	技术标准、质量要求	交货时间
备注： 1. 有事请联系×××，电话：××× 2. ……					

制表：　　　　　　　　　　　审核：　　　　　　　　　时间：

图 2-1-2　生产订单

2. 验货

验货有生产企业验货、客户自行验货和指定第三方验货三种情况。

（二）催证、审证、改证

采用信用证方式付款的合同，通常在交货期前一个月确认是否已经收到信用证，收到后，单证员应根据出口合同审核信用证，检查是否存在错误。如有不符，必须要求进口商通过开证行进行修改，并在收到银行的修改通知书后才能发货。

（三）缮制出口单据

在所有结汇单据中，商业发票（图2-1-3）是最重要的中心单据，也是签发时间最早的单据。发票中的货物描述要与信用证上的完全相同，小写和大写金额都要正确无误。信用证上对发票条款的要求应在发票中显示，并显示唛头。

HUASHENG CO., LTD.

4TH/FL., ZHONGCHENG BIUILDING, 8 RUIJING NO.1 ROAD,

SHANGHAI 200020, CHINA

COMMERCIAL INVOICE

Original

To: Date:

Invoice NO.:

Contract NO.:

From	to	Letter of Credit No.:
Issued by		
Marks & Numbers	Quantities and Descriptions	Unit Price	Amount

图 2-1-3　商业发票

箱单指装箱单、重量单、尺码单等，是商业发票的附属单据。装箱单（图2-1-4）应清楚地表明货物装箱情况，要显示每箱内装的数量、每箱的毛重、净重、外箱尺寸、唛头和箱号，以便客户查找。按外箱尺寸计算出来的总体积要与标明的总体积相符。装箱单的重量、体积要与提单相符。

HUASHENG CO., LTD.

4TH/FL., ZHONGCHENG BIUILDING, 8 RUIJING NO.1 ROAD,

SHANGHAI 200020, CHINA

PACKING LIST

Original

To: Date:

Invoice NO.:

Contract NO.:

From	to		Letter of Credit No.:	
Issued by				
Marks & Numbers	Descriptions	Quantities	Weight	Measurement
			Net	Gross	

图 2-1-4　装箱单

在出口业务单证流转程序中，按照时间顺序涉及的单据主要有商业发票和箱单、报检单、原产地证、出口托运单、出口货物报关单、保险单、提单及其他商业单据、汇票。

（四）交单结汇

在各种单据制作或获取完毕后，单证员应再次审核全部单据，确保单证一致、单单一致并能安全收汇。

若采用信用证收汇，应在规定的交单时间内，备齐全部单证，并严格审单，确保无误，交银行议付。

若采用电汇（Telegraphic Transfer，T/T）收汇，在取得提单后应马上传真提单给客户，要求客户付款，确认收到余款后再将提单正本及其他文件寄给客户。要求货到付款的，要等收款后再安排装船，拿到提单后可立即寄正本提单给客人。

（五）出口退税

能否及时和足额办理出口退税，直接影响到出口商的效益。税务部门参考外汇管理部门提供的企业出口收汇信息和分类情况，依据相关规定，审核企业出口退税。

（六）单证存档

每单出口业务在完成后要及时完成登记录入工作，包括电子及书面登记，便于以后查询、统计等。所有的文件、信用证和议付文件必须留存一整套以备查用。

 加油站

登记信用证

签订合同以后，出口商应及时催促进口商开出信用证。进口商开出的信用证一般由开证行传递到通知行，再由通知行传递给出口商。

单证员收到信用证后，应该立即做好登记，可以采用登记簿（表2-1-1）的方式。登记簿作为单证工作的重要资料，也要进行归档保存。

表2-1-1　信用证登记簿

序号	信用证	合同	开证申请人	开证行	总金额	装运期	信用证有效期

 任务训练

一、单项选择题

1. 贸易磋商谈判环节中，（　　）和（　　）是缺一不可的。

 A．询盘　发盘　　　　　　　　　B．还盘　接受

 C．发盘　接受　　　　　　　　　D．询盘　接受

在线测试及参考答案

2. 通常（　　）日期是议付单据出单最早的时间。

 A．发票　　　　　　　　　　　　B．提单

 C．保险单　　　　　　　　　　　D．报关单

3. 通常（　　）日期是确定各单据日期的关键。

 A．发票　　　　　　　　　　　　B．提单

 C．许可证　　　　　　　　　　　D．报关单

二、判断题

1. 履行出口合同的程序与贸易术语无关。　　　　　　　　　　　　（　　）

2. 合同的履行涉及银行、海关、保险公司、货运代理、运输公司、商检机构等不同贸易当事人之间的商业关系。　　　　　　　　　　　（　　）

3. 合同签订后，如采用信用证结算，卖方应首先催开信用证。　（　　）

三、案例分析题

A 公司出口 153 型全棉劳动手套 5000 打，客户开来信用证中注明商品名称是 "153 型全棉劳动手套"，A 公司发运货物后持单到银行议付，银行发现发票上写的是 "153 型全棉劳动手套"，而提单和保险单上仅写为 "劳动手套"，就以单单不一致为由拒付。经 A 公司联系客户，客户也不愿意接受单据，最后只好降价 15% 以托收方式收回货款。

问：此案例中 A 公司的处理是否得当？为什么？

任务二　解读进口单证业务流转程序

情境导入

王海伦了解完出口贸易单证流转程序，又到进口业务部开始熟悉进口贸易单证流转程序。下面，让我们一起来解读进口单证业务流转程序。

◎ 回音壁

进口单证业务流转程序主要包括四个环节，分别是进口交易前的准备、贸易磋商谈判、签订进口合同和履行进口合同。下面让我们来具体学习吧。

一、初识进口单证业务流转程序

进口单证业务流转程序见图 2-2-1。

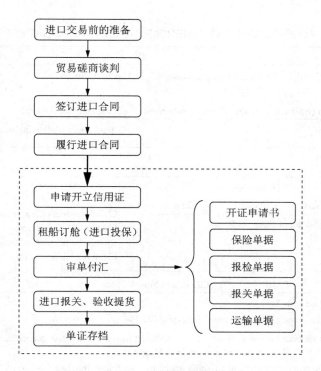

图 2-2-1 进口单证业务流转程序

 **即问即答**

1）进口单证业务流转程序包括哪些环节？
2）进口业务中会涉及哪些单据？

参考答案

二、体验进口单证业务流转程序

经过进口交易前的准备、贸易磋商谈判、签订进口合同等程序后，即进入履行进口合同阶段，该阶段具体包括以下流程。

（一）申请开立信用证

买卖双方签订合同后，进口商应先落实外汇，并填写信用证开证申请书（图 2-2-2）向开证行申请开立信用证。

IRREVOCABLE DOCUMENTARY CREDIT APPLICATION

TO:	Date:
☐Issue by airmail ☐With brief advice by teletransmission ☐Issue by express delivery ☐Issue by teletransmission (which shall be the operative instrument)	Credit No. Date and place of expiry
Applicant	Beneficiary (Full name and address)
Advising Bank	Amount

Partial shipments	Transshipment	Credit available with
☐allowed ☐not allowed	☐allowed ☐not allowed	By ☐sight payment ☐acceptance ☐negotiation ☐deferred payment at against the documents detailed herein ☐and beneficiary's draft(s) for % of invoice value at sight
Loading on board/dispatch/taking in charge at/from not later than For transportation to: ☐FOB ☐CFR ☐CIF ☐or other terms		drawn on

Documents required: (marked with X)

1. ( ) Signed commercial invoice in _____ copies indicating L/C No. and Contract No.

2. ( ) Full set of clean on board ocean Bills of Lading made out to order and blank endorsed, marked "freight [ ] to collect / [ ] prepaid [ ] showing freight amount" notifying.

( ) Airway bills/cargo receipt/copy of railway bills issued by showing "freight [ ] to collect/[ ] prepaid [ ] indicating freight amount" and consigned to_____.

3. ( ) Insurance Policy/Certificate in _____ copies for _____ % of the invoice value showing claims payable in _____ in currency of the draft, blank endorsed, covering All Risks, War Risks and _____.

4. ( ) Packing List/Weight Memo in _____ copies indicating quantity, gross and weights of each package.

5. ( ) Certificate of Quantity/Weight in _____ copies issued by _____.

6. ( ) Certificate of Quality in _____ copies issued by [ ] manufacturer/[ ] public recognized surveyor_____.

7. ( ) Certificate of Origin in _____ copies .

8. ( ) Beneficiary's certified copy of fax / telex dispatched to the applicant within _____ days after shipment advising L/C No., name of vessel, date of shipment, name, quantity, weight and value of goods.

9. ( ) Other documents, if any:

Description of goods:

Additional instructions:

1. ( ) All banking charges outside the opening bank are for beneficiary's account.

2. ( ) Documents must be presented within days after date of issuance of the transport documents but within the validity of this credit.

3. ( ) Third party as shipper is not acceptable, Short Form/Blank back B/L is not acceptable.

4. ( ) Both quantity and credit amount _____ % more or less are allowed.

5. ( ) All documents must be sent to issuing bank by courier/speed post in one lot.

6. ( ) Other terms, if any:

图 2-2-2　信用证开证申请书

（二）租船订舱

如果货物数量不多，由外运公司代为办理洽订班轮或租订部分舱位运输。如果货物数量较大，需要整船载运，则要对外办理租船手续。在 FOB 条件下，由进口方负责办理租船订舱。

（三）进口投保

在 FOB 或 CFR 条件下，由进口商办理保险。一般可采取预约保险的方式，收到国外出口商发出的装船通知后，及时将船名、开航日期、提单号、商品品名、数量、装运港、目的港等通知保险公司。在 CIF 条件下，由出口方办理保险。

（四）审单付汇

开证行收到国外议付行寄来的结汇单据后，根据信用证进行审核，准确无误后付款。进口公司则向银行付款赎单。

（五）进口报关、验收提货

货物抵达目的港后，需要进口报关，验收放行后提货。

（六）单证存档

每单进口业务在完成后要及时完成登记录入工作，包括电子及书面登记，便于以后查询、统计等。所有的文件、信用证和议付文件必须留存一整套以备查用。

 **学中做**

青锋公司要进口一批油墨，共 10 公吨，采用信用证支付方式，贸易术语为 FOB。请画出进口单证业务流转程序。

参考答案

 加油站

常见外贸单证介绍

UCP 600 对国际贸易中涉及的单证进行了规范。常见的外贸单证有以下几种。
1）资金单据：汇票、本票和支票、信用证。

23

2）商业单据：商业发票、海关发票。

3）货运单据：海运提单、租船提单、多式运输单据、空运单等。

4）保险单据：保险单、保险凭证。

5）其他单证：商检单证、原产地证书、其他单据（寄单证明、寄样证明、装运通知、船龄证明等）。

任务训练

一、单项选择题

1. 在 CIF 交易方式下，由（　　）办理保险。

  A. 出口商   B. 进口商

2. 在 FOB 交易方式下，由（　　）办理保险。

  A. 出口商   B. 进口商

3. 进口商填写开证申请书的主要依据是（　　）。

  A. 发票   B. 贸易合同

  C. 订单   D. 进口货物许可证

 在线测试及参考答案

二、判断题

1. 开证时要注意单证一致。　　　　　　　　　　　　　　　　（　　）

2. 开证后，银行的权利和义务还要受到合同的约束。　　　　　（　　）

3. 以信用证为支付方式的进口贸易，进口商依据合同应开立信用证。（　　）

三、案例分析题

我国某外贸企业向国外一新客户订购一批初级产品，按 CFR 中国某港口、即期信用证付款条件达成交易，合同规定由卖方以程租船方式将货物运交我方。我方开证行凭国外议付行提交的符合信用证规定的单据付了款。但装运期船只一直未到达目的港，后经多方查询，发现承运人是一家小公司，而且在船舶起航后不久即宣告倒闭，承运船舶是一条旧船，船、货均告失踪。实际上是卖方与船方互相勾结进行诈骗，导致我方蒙受重大损失。

问：我方应从中吸取哪些教训？

项目三

探知报检环节单证基础

项目目标

◇ **知识目标**

掌握进出口报检流程。

◇ **能力目标**

1）能辨析出境货物报检单和入境货物报检单。

2）能整理出入境报检方式下所需的单证。

项目导读

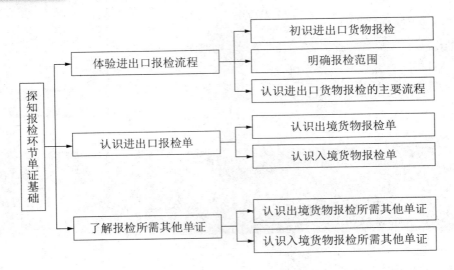

探知报检环节单证基础

- 体验进出口报检流程
  - 初识进出口货物报检
  - 明确报检范围
  - 认识进出口货物报检的主要流程
- 认识进出口报检单
  - 认识出境货物报检单
  - 认识入境货物报检单
- 了解报检所需其他单证
  - 认识出境货物报检所需其他单证
  - 认识入境货物报检所需其他单证

任务一 体验进出口报检流程

情境导入

　　青锋公司的部门经理为了让新业务员王海伦熟悉报关报检工作，于是把出口到法国的3800只文具盒的报检工作交给了他。王海伦应该如何完成报检工作呢？

◎ 回音壁

　　进出口货物报检程序一般包括报检准备、报检、施检部门检验检疫和签领相关证书四个环节。下面，让我们一起来学习如何进行报检工作。

一、初识进出口货物报检

　　（一）进出口货物报检的含义

　　进出口货物报检又称出入境检验检疫报检，是指在国际贸易活动中，出口商或进口商根据有关法律、行政法规或合同约定的要求，对买卖双方成交的商品向检验检疫机构申请

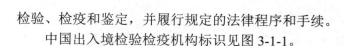

检验、检疫和鉴定，并履行规定的法律程序和手续。

中国出入境检验检疫机构标识见图3-1-1。

（二）进出口货物报检当事人资格要求

根据《出入境检验检疫报检规定》的要求，对报检当事人的资格做出如下规定：

1）报检单位首次报检时须持本单位营业执照和政府批文办理登记备案手续，取得报检单位代码。

2）代理报检单位须按规定办理注册登记手续。

图 3-1-1　中国出入境检验检疫机构标识

3）代理报检的，须向检验检疫机构提供委托书，委托书由委托人按检验检疫机构规定的格式填写。

4）非贸易性质的报检行为，报检人凭有效证件可直接办理报检手续。

 即问即答

> 1）企业可以通过哪些方式对货物进行报检？
> 2）如果企业的报检人员自己报检，必须具备哪些资格？

 参考答案

二、明确报检范围

（一）进出口货物报检的范围

我国从2000年1月1日起施行的《出入境检验检疫报检规定》对进出境货物的报检范围做出了具体规定，主要包括以下五个方面。

1. 国家法律法规规定必须由出入境检验检疫机构检验检疫的

1）列入《出入境检验检疫机构实施检验检疫的进出境商品目录》内的货物。

2）入境废物、进口旧机电产品。

3）出口危险货物包装容器的性能检验和使用鉴定。

4）进出境集装箱。

5）进境、出境、过境的动植物、动植物产品及其他检疫物。

6）装载动植物、动植物产品及其他检验物的装载容器、包装物、铺垫材料，进境动植物包装物、铺垫材料。

7）来自动植物疫区的运输工具，装载进境、出境、过境的动植物、动植物产品及其他检疫物的运输工具。

8）进境拆解的废旧船舶。

9）出入境人员、交通工具、运输设备及可能传播检疫传染病的行李、货物和邮包等物品。

10）旅客携带物（包括微生物、人体组织、生物制品、血液及其制品、骸骨、骨灰、废旧物品和可能传播传染病的物品及动植物、动植物产品及其他检疫物）和携带的伴侣动物。

11）国际邮寄物（包括动植物、动植物产品及其检疫物、微生物、人体组织、生物制品、血液及其制品以及其他需要实施检疫的国际邮寄物）。

12）其他法律、行政法规规定需经检验检疫机构实施检验检疫的其他应检对象。

 即问即答

如果王海伦现在需要出口的是毛巾而不是文具盒，是否需要报检？为什么？

参考答案

2. 输入国家或地区规定必须凭检验检疫机构出具的证书方准入境的

某些国家规定，对从我国输入的某些商品必须取得相关的检验检疫证书才能入境。因此，在出口到某些特定国家时，出口商须在检验检疫机构取得相应证书。

3. 有关国际条约规定必须经检验检疫的

凡国际条约、各种多边协定等规定，须进行检验检疫方能进出口的货物，也必须取得相应证书。

4. 对外贸易合同约定须凭检验检疫机构签发的证书进行交接、结算的

在国际贸易中，为了保障买卖双方的合法权益，通常委托第三方对货物进行检验检疫或鉴定并出具检验检疫证书。

5. 申请签发一般原产地证书、普惠制原产地证书等原产地证书的

根据货物进口国海关的要求，在出口到特定国家时，出口商须先到检验检疫局或贸易促进委员会等相关机构申领原产地证书。

一般原产地证书范例见图3-1-2。

一般原产地证书

1.Exporter 　JINYUE INDUSTRIAL PRODUCTS I/E CORP. A12, YUEYANG STREET, CHANGCHUN, CHINA			Certificate No. 0103665		
2.Consignee HASSAN EBRAHIM BUKAMAL&SONS W. L. L. P. O. Box 5682 MANAMA, BAHRAIN			CERTIFICATE OF ORIGIN OF THE PEOPLE'S REPUBLIC OF CHINA		
3.Means of transport and route SHIPMENT FROM DALIAN, CHINA VIA HONGKONG TO BAHRAIN BY SEA ON OR ABOUT MAY 23h, 2013			5.For official use		
4.Country/Region of destination 　BAHRAIN					
6.Marks and number H.E.BUKAMAL & SONS 13BT0092 BAHRAIN C/NO. 1-552	7.Number and kind of-Packages; Description of goods SAFETY BOOTS 552CARTONS ***********************	8.H.S.code 64034000	9.Quantity 6624 PAIRS	10.Number and date of invoices NO. SB13038 DATE: MAY 5th, 2013	
11.Declaration by the exporter The under signature hereby declares that the above details and statements are correct; that all the goods were produced in China and that they comply with the rules of origin of the People's Republic of China. CHANGCHUN　MAY 23,2013　　　杨勇　　（盖章）			12.Certification It is hereby certified that the declaration by the exporter is correct. CHANGCHUN　MAY 23th, 2013　　　张莉　　（盖章）		
Place and date, signature and stamp of certifying authority			Place and date, signature of authorized signatory		

图 3-1-2　一般原产地证书范例

三、认识进出口货物报检的主要流程

一般报检业务具体流程见图 3-1-3。

（一）报检准备

根据我国关于出入境货物检验检疫的有关规定，准备好进出口货物报检所需单证。值得注意的是，所有随附单据必须真实有效。

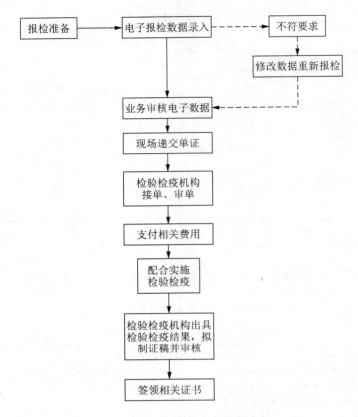

图 3-1-3　一般报检业务具体流程

加油站

实行商检的机构

　　国家质量监督检验检疫总局是我国最权威、最大的官方检验检疫机构。一般中国出口的产品由各地下设的出入境检验检疫方进行检验检疫。

　　目前世界上较著名且在中国建立了分支机构的检验机构有以下几家。

　　1）瑞士通用公证行（Societe Generale de Surveilance，SGS）：国际上有较大影响力的民间第三方从事产品质量控制和技术鉴定的跨国公司。

　　2）法国国际检验局（Bureau Veritas，BV）：在质量、安全、环境和社会责任领域提供检验、认证、咨询等业务。

　　3）天祥检验服务有限公司（Intertek Testing Services，ITS）：世界上规模较大的工业与消费产品检验公司之一。

4）日本海事检定协会（Nippon Kaiji Kentei Kyokai，NKKK）：一家社团法人检验协会，主要为社会公共利益服务。

5）美国保险商实验室（Underwrites Laboratories，UL）：美国最有权威的，也是世界上从事安全试验和鉴定的较大的民间机构。

（二）报检

1. 电子报检数据录入

报检员通过《出入境检验检疫综合业务计算机管理系统》（简称 CIQ 2000 系统）严格将申请资料录入数据。在规定的报检期限内，将相关数据发送至报检地的检验检疫机构。在检验检疫机构局域端收到相关数据后，企业端便会得到"收到"回执。

2. 检验检疫机构审单

检验检疫机构对电子报检数据进行审核，如发现数据有误，企业将得到"错误"回执，报检员需按照检验检疫机构的要求对数据进行修改后，重新报检，直到得到"正确"回执为止。正确后企业打印报检申请单并由报检单位盖章，报检员签字。

3. 现场递交单证

电子报检受理后，报检员在检验地检验检疫机构规定的期限和地点，到现场递交纸质的报检单和相关单证。所需单据各地略有不同，大致需要箱单、发票、合同复印件、报检委托书（正本）、报检单位商检注册号等。

4. 检验检疫机构接单、审单

检验检疫机构工作人员审核随附单据，主要看单据是否齐全，并关注是否有特殊要求的其他单据。中国出入境货物检验检疫窗口工作场景见图3-1-4。

图 3-1-4 中国出入境货物检验检疫窗口工作场景

5. 支付相关费用

报检受理后按报检单上的计费金额到签证窗口缴费，缴费后将报检资料交至施检科室，进入施检阶段。

 即问即答

企业在收到"正确"回执后还需要做些什么工作？

参考答案

 加油站

CIQ 2000 综合业务管理系统介绍

CIQ 2000 综合业务管理系统由国家质检总局通关业务司于 2009 年 1 月颁布。该系统是以检务流程为主线，以货物检验检疫为重点，实现报检管理、计收费管理、检验检疫管理、签证通关管理、统计汇总管理和系统维护管理的网络信息化新系统。目前全国多数地区已经开始使用该系统。

打印换证凭单操作界面见图 3-1-5。

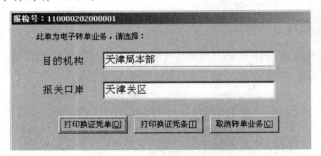

图 3-1-5　打印换证凭单操作界面

（三）施检部门检验检疫

本环节报检人员应主动联系检验检疫机构科室预约验货施检并告知客户，配合检验人员实施检验检疫。待检验合格后检验检疫机构科室出结果登记、拟制证稿并审核签字。

（四）签领相关证书

检务部门对施检部门拟稿审核，并签发证书。之后报检员到检验检疫机构领取有关证书并如实签署姓名和领证时间且妥善保管。

任务训练

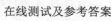

在线测试及参考答案

一、单项选择题

1. 进出口货物报检程序，一般不包括（　　）。
   A. 报检准备　　　　　　　　　　B. 报检
   C. 实施部门检验检疫　　　　　　D. 进出境
2. 目前世界上较著名且在中国建立了分支机构的检验机构不包括（　　）。
   A. SGS　　　　B. BV　　　　C. NKKK　　　　D. CIQ
3. CIQ 2000 系统全称为 CIQ 2000 综合业务管理系统，它由国家质检总局通关业务司于（　　）年颁布。
   A. 2009　　　　B. 2010　　　　C. 2008　　　　D. 2011

二、判断题

1. 只有列入《出入境检验检疫机构实施检验检疫的进出境商品目录》内的货物才需要法定检验。　　　　　　　　　　　　　　　　　　　　　　　　　　（　　）
2. 国家质检总局是我国国内最权威、最大的非官方检验检疫机构。　　（　　）
3. 非贸易性质的报检行为，报检人凭有效证件可直接办理报检手续。　（　　）

三、简答题

华生公司现出口牛皮 1500 张至法国某公司，请根据出入境货物报检流程画出这笔货物具体的报检流程图。

四、案例分析题

我国某企业向某国出口一批冷冻食品，到货后买方在合同规定的索赔有效期内向我方提出品质索赔，索赔额达数十万元人民币（约占合同总金额的半数以上）。买方附来的证件有：①法定商品检验证，注明该项商品有变质现象（表面呈乌黑色），但未注明货物的详细批号，也未注明变质货物的数量或比例；②官方化验机构根据当地某食品零售商店送验的食品做出的变质证明书。我方未经仔细研究就函复对方，既未承认也未否认品质问题，只是含糊其辞地要求对方减少索赔金额，对方不应允，双方函电往来一年没有结果，对方遂派代表来京当面交涉，并称如得不到解决，将提交仲裁。

问：双方各有什么漏洞？我方应如何本着实事求是的精神和公平合理的原则来处理此案？（注：此批冷冻食品中我方误装了一小部分乌皮鸡，价值千余元。）

任务二　认识进出口报检单

情境导入

王海伦在报检老师的指导下基本了解了报检流程，于是进入报检的实践环节。在流程中王海伦对进出口报检单不是很熟悉。那么进出口货物报检单分为哪几种呢？

◎ 回音壁

进出口货物报检单一般分为出境货物报检单和入境货物报检单两种。下面，让我们一起来学习这两种报检单。

一、认识出境货物报检单

（一）出境货物报检单的含义

出境货物报检单是报检人根据有关法律、行政法规或合同约定的要求申请检验检疫机构对某种货物实施检验检疫、鉴定等的书面申请文件。

（二）出境货物报检时限与地点

1）出境货物最迟应在出口报关或装运前7天报检，对于个别检验检疫周期较长的货物，应留有相应的检验检疫时间。

2）需隔离检疫的出境动物在出境前60天预报，隔离前7天报检。

3）法定检验检疫货物，除活动物需由口岸检验检疫机构检验检疫外，原则上实施产地检验检疫。

 加油站

出境货物报检的方式

出境货物报检的方式通常分为三类：出境一般报检、出境换证报检和出境预检报检。出境一般报检主要用于产地和报检地一致的情况下；出境换证报检则主要在产地和报检地不一致的时候使用；出境预检报检是对暂时不能出口的货物预实施检验检疫的报检。

出境货物报检单样本见图 3-2-1。

中华人民共和国出入境检验检疫
出境货物报检单

报检单位（加盖公章）：						*编　　号： _____		
报检单位登记号：		联系人：		电话：		报检日期：　年　月　日		

发货人	（中文）	
	（外文）	
收货人	（中文）	
	（外文）	

货物名称（中/外文）	H.S.编码	产地	数/重量	货物总值	包装种类及数量

运输工具名称及号码			贸易方式		货物存放地点	
合同号			信用证号		用途	其他
发货日期		输往国家（地区）		许可证/审批号		
启运地		到达口岸		生产单位注册号		
集装箱规格、数量及号码						

合同、信用证订立的检验检疫条款或特殊要求	标记及号码	随附单据（画"✓"或补填）	
		□合同	□包装性能结果单
		□信用证	□许可/审批文件
		□发票	□
		□换证凭单	□
		□装箱单	□
		□厂检单	

需要证单名称（画"✓"或补填）			*检验检疫费	
□品质证书　　__正__副	□植物检疫证书　　__正__副		总金额	
□重量证书　　__正__副	□熏蒸/消毒证书　　__正__副		（人民币元）	
□数量证书　　__正__副	□出境货物换证凭单　　__正__副		计费人	
□兽医卫生证书　　__正__副	□			
□健康证书　　__正__副	□		收费人	
□卫生证书　　__正__副	□			
□动物卫生证书　　__正__副	□			

报检人郑重声明：	领　取　证　单	
1. 本人被授权报检。	日期	
2. 上列填写内容正确属实，货物无伪造或冒用他人的厂名、标志、认证标志，并承担货物质量责任。 　　　　　　　　　　签名：_____	签名	

注：有"*"号栏由出入境检验检疫机关填写。　　　　　　　　　　◆国家出入境检验检疫局制

图 3-2-1　出境货物报检单

 **即问即答**

> 在产地和报检地一致的情况下，出境货物报检应采用什么报检方式？

参考答案

二、认识入境货物报检单

（一）入境货物报检单

入境货物报检单是进口国的报检人根据有关法律、行政法规或合同约定的要求，在某种货物入境时，提交进口国检验检疫机构，要求实施检验检疫、鉴定等的书面申请文件。入境货物报检单样本见图 3-2-2。

入境货物报检的方式可以分为入境一般报检、入境流向报检和异地施检报检三类。

（二）入境货物报检时限与地点

1. 报检的时限

1）输入微生物、人体组织、生物制品、血液及其制品或种畜、禽及其精液、胚胎、受精卵的，应当在入境前 30 天报检。

2）输入其他动物的，应在入境前 15 天报检。

3）输入植物、种子、种苗及其他繁殖材料的，应在入境前 7 天报检。

4）入境货物需对外索赔出证的，应在索赔有效期前不少于 20 天内向到货口岸或货物到达地的检验检疫机构报检。

2. 报检的地点

1）审批、许可证等有关证件中规定检验检疫地点的，在规定的地点报检。

2）大宗散装商品、易腐烂变质商品、废旧物品及在卸货时发现包装破损、重/数量短缺的商品，必须在卸货口岸检验检疫机构报检。

3）需结合安装调试进行检验的成套设备、机电仪产品以及在口岸开件后难以恢复包装的商品，应在收货人所在地检验检疫机构报检并检验。

4）其他入境货物，应在入境前或入境时向报关地检验检疫机构报检。

5）入境的运输工具及人员应在入境前或入境时向入境口岸检验检疫机构申报。

6）对于符合直通式放行条件的企业，可以根据报关地的选择，在口岸检验检疫机构或者目的地检验检疫机构报检。

中华人民共和国出入境检验检疫
入境货物报检单

报检单位（加盖公章）：					*编　号		
报检单位登记号：		联系人：		电话：	报检日期： 年　月　日		

收货人	（中文）	
	（外文）	
发货人	（中文）	
	（外文）	

货物名称（中/外文）	H.S.编码	原产国（地区）	数/重量	货物总值	包装种类及数量

运输工具名称及号码			合同号	
贸易方式		贸易国别（地区）	提单/运单号	
到货日期		启运国家（地区）	许可证/审批号	
卸毕日期		启运口岸	入境口岸	
索赔有效期至		经停口岸	目的地	
集装箱规格、数量及号码				
合同、信用证订立的检验检疫条款或特殊要求			货物存放地点	
			用　途	

随附单据（画"√"或补填）		标记及号码	*外商投资财产（画"√"）	□是　□否
□合同	□到货通知		*检验检疫费	
□发票	□装箱单		总金额（人民币元）	
□提/运单	□质保书			
□兽医卫生证书	□理货清单		计费人	
□植物检疫证书	□磅码单			
□动物检疫证书	□			
□卫生证书	□		收费人	
□原产地证	□			
□许可/审批文件				

报检人郑重声明：	领取证单	
1. 本人被授权报检。	日期	
2. 上列填写内容正确属实。	签名	

注：有"*"号栏由出入境检验检疫机关填写。　　　　◆国家出入境检验检疫局制

图 3-2-2　入境货物报检单

任务训练

一、单项选择题

1.（　　）是进口国的报检人根据有关法律、行政法规或合同约定的要求，在某种货物入境时，提交进口国检验检疫机构，要求实施检验检疫、鉴定等的书面申请文件。

A. 出境货物报关单　　　　　　B. 入境货物报关单

在线测试及参考答案

C．出境货物报检单　　　　　　　　D．入境货物报检单

2．（　　　）是对暂时不能出口的货物预实施检验检疫的报检。

    A．出境一般报检　　　　　　　　　B．出境换证报检

    C．出境预检报检　　　　　　　　　D．入境一般报检

3．出境货物报检单是报检人根据有关法律、行政法规或（　　　）约定的要求申请检验检疫机构对某种货物实施检验检疫、鉴定等的书面申请文件。

    A．双方　　　　　B．合同　　　　　C．信用证　　　　D．第三方

二、判断题

1．出口货物报检单也能申请鉴定业务。　　　　　　　　　　　　　　（　　　）

2．出境货物报检的方式通常分为三类：出境一般报检、出境换证报检和出境预检报检。

（　　　）

3．出境一般报检主要在产地和报检地不一致的时候使用。　　　　　（　　　）

三、拓展题

华生公司现出口牛皮 1500 张至法国某公司，请填写一份出境货物报检单。

四、案例分析题

我国甲公司以 CFR 条件对德国出口一批五金工具。合同规定货到目的港后 30 天内检验，买方有权凭检验结果提出索赔。甲公司按期发货，德国客户也按期凭单支付了货款。可半年后，甲公司收到德国客户的索赔文件，称上述小五金工具有 70%已锈损，并附有德国某内地一检验机构出具的检验证书。

问：对德国客户的索赔要求，甲公司应如何处理？并说明理由。

任务三　了解报检所需其他单证

情境导入

在学习报检业务的过程中，王海伦还了解到出入境货物报检时除了提供出入境货物报检单外还需提供其他单据，那么需要提供哪些单据呢？

◎　回音壁

根据出入境货物性质的不同，出入境货物报检所需随附的单据也有区别。

一、认识出境货物报检所需其他单证

（一）出境货物报检其他随附单据

1）根据出口货物性质的不同，出境货物报检所需随附的单据也有区别。一般情况下，出境货物报检时除了提供出境货物报检单外还需提供外贸合同或销售确认书、信用证、发票、装箱单、厂检单、出境货物运输包装性能结果单等。

2）凭样成交的，须提供样品。

3）经预检的货物，在向检验检疫机构办理换证放行手续时，应提供该检验检疫机构签发的出境货物换证凭单（正本）。

4）产地与报关地不一致的出境货物，在向报关地检验检疫机构申请出境货物通关单（图3-3-1）时，应提交产地检验检疫机构签发的出境货物换证凭单（正本）。

5）出口危险货物时，必须提供出境货物运输包装性能检验结果单（正本）和出境危险货物运输包装使用鉴定结果单（正本）。

6）预检报检的，还应提供货物生产企业与出口经营企业签订的贸易合同。尚无合同的，须在报检单上注明检验检疫的项目和要求。

7）按照检验检疫的要求，提供相关其他特殊单证。

中华人民共和国出入境检验检疫出境货物通关单

编号：EP0001921

1. 发货人 AIGE IMPORT & EXPORT COMPANY			5. 标记及号码 YELLOW JADEITE JADE TEAPOT JAPAN C/NO.1-20 MADE IN CHINA	
2. 收货人 RIQING EXPORT AND IMPORT COMPANY				
3. 合同/信用证号 CONTRACT03/***		4. 输往国家或地区 日本		
6. 运输工具名称及号码 CZ3031		7. 发货日期 2014-06-25	8. 集装箱规格及数量 ***	
9. 货物名称及规格 黄翡茶壶 YELLOW JADEITE JADE TEAPOT	10. H.S.编码 7116200000	11. 申报总值 JPY 1 600 000	12. 数/重量、包装数量及种类 20 件 20 盒	
13. 证明 上述货物业经检验检疫，请海关予以放行。 本通关单有效期至二〇一四年八月二十日 签字：郭达业　　日期：2014年06月24日 检验检疫专用章				
14. 备注 ***				

图 3-3-1　出境货物通关单范例

（二）出境货物报检申领单据

1）产地与报关地一致的出境货物，在报检时应申领出境货物通关单。

2）产地与报关地不一致的出境货物，在产地报检时应申领出境货物换证凭单/条，在报关地换证报检时应申领出境货物通关单。

3）对于我国与其他国家签有《世界贸易组织贸易技术壁垒协议》《实施动植物卫生检疫措施的协议》或其他相关协议的，按照协议约定申领相关检验检疫证书。

4）进口国官方要求提供检验检疫证书的，按照进口国要求申领相关格式检验检疫证书。

5）买卖双方在合同里约定由官方检验检疫机构签发证书的，按照合同规定申领相关检验检疫证书。

6）对于需凭检验证书结汇的大宗商品，按照相关要求申领重量/数量证书或其他相关证书。

 即问即答

出境货物报检时，除了报检单一般还需要随附哪些单据？

参考答案

二、认识入境货物报检所需其他单证

（一）入境货物报检其他随附单据

根据入境货物性质的不同，入境货物报检所需随附的单据也有区别。一般情况下，入境货物报检时除了提供入境货物报检单外，还需提供外贸合同或销售确认书或订单、信用证、发票、装箱单、提单或提货单等。

（二）入境货物报检申领单据

1）入境法检货物货主或其代理人需向报关地检验检疫机构申领入境货物通关单（图3-3-2），作为向海关报关的必备随附单据。

2）检验检疫合格后，作为法检货物销售/使用的凭证，入境法检货物货主或其代理人可向检验检疫机构申领入境货物检验检疫证明；入境食品货主或其代理人可向检验检疫机构申领相关卫生证书；入境汽车货主或其代理人可向检验检疫机构一车一单申领进口机动车辆随车检验单。

3）对于申请残损鉴定的货物，货主或其代理人需向检验检疫机构申领有关检验鉴定证书和入境货物通关单。进口商可依该检验鉴定证书向有关方面提出索赔。当换货、补发货进口通关时，进口商可凭相关检验鉴定证书和入境货物通关单免交换补货的进口关税。

4）对于申请外商投资财产价值鉴定的，外商投资财产关系人需向检验检疫机构申领价值鉴定证书，作为到所在地会计事务所办理验资手续的凭证。

中华人民共和国出入境检验检疫入境货物通关单

编号：IP0001878

1. 收货人 日清进出口贸易公司 RIQING EXPORT AND IMPORT COMPANY			5. 标记及号码 YELLOW JADEITE JADE TEAPOT JAPAN C/NO.1-20 MADE IN CHINA
2. 发货人 AIGE IMPORT & EXPORT COMPANY			
3. 合同/提（运）单号 CONTRACT03/999-00000881	4. 输往国家或地区 中国		
6. 运输工具名称及号码 CZ3103	7. 目的地 名古屋		8. 集装箱规格及数量 ***
9. 货物名称及规范 黄翡茶壶 YELLOW JADEITE JADE TEAPOT	10. H.S.编码 7116200000	11. 申报总值 jpy 1 600 000	12. 数/重量、包装数量及种类 20 件/ 20 盒
13. 证明　　上述货物业已检验/申报，请海关予以放行。 签字：郭小智　　　　日期：2014 年 06 月 26 日			
14. 备注 ***			

图 3-3-2　入境货物通关单范例

任务训练

在线测试及参考答案

一、单项选择题

1. 出境货物报检时不需提供（　　　）。
   A. 合同
   B. 提货单
   C. 发票
   D. 装箱单

2. 入境货物报检时不需提供（　　　）。
   A. 信用证
   B. 订单
   C. 厂检单
   D. 提单

3. 一般情况下，出境货物报检时除了提供（　　　）外，还需提供外贸合同或销售确认书、信用证、发票、装箱单、厂检单、出境货物运输包装性能结果单等。
   A. 出境货物通关单
   B. 入境货物通关单
   C. 出境货物报检单
   D. 入境货物报检单

二、判断题

1. 根据出口货物性质的不同，出境货物报检所需随附的单据也有区别。（　　　）

2. 一般情况下，入境货物报检时除了要提供入境货物报检单外，还需提供外贸合同或销售确认书或订单、信用证、发票、装箱单、提单或厂检单等。（　　　）

3. 出境货物报检时只需提供出境货物报检单。（　　　）

三、案例分析题

我国某进出口公司与外商签订出口合同一份，凭即期信用证付款。合同中的商检条款规定："双方同意以装运港中国进出口商品检验局签发的品质和数量检验证书作为信用证项下议付所提交单据的一部分。买方有权对货物的品质和数量进行复验。复验费由买方负担。如发现品质或数量与合同规定不符，买方有权向卖方索赔，但必须提供经卖方认可的公证机构出具的检验报告。索赔期限为货物到达目的港××天内。"我方凭来证规定装运出口，备齐包括我方商检局签发的品质合格证书在内的全套单据交中国银行转寄开证行索汇。货到目的港因单据未到，开证申请人（即买方）凭担保向船公司提走了货物。事后，买方以我方所交货物品质不符合规定提出索赔，开证行同时来电称我方单证不符而拒绝付款，加之信用证已经到期。

问：我方应如何处理？简述理由。

项目四

探知报关环节单证基础

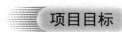 **项目目标**

◇ **知识目标**

1）掌握报关的含义，了解国际货物报关、通关的区别。

2）认识报关流程，及时对货物进行申报。

◇ **能力目标**

看懂报关单，了解报关时所需单证。

项目导读

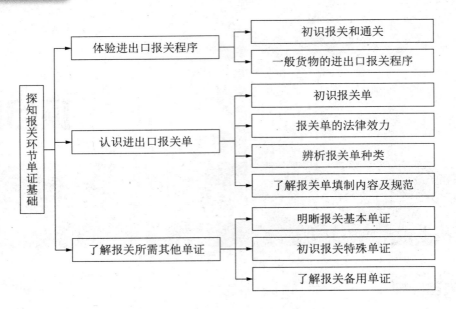

探知报关环节单证基础
- 体验进出口报关程序
  - 初识报关和通关
  - 一般货物的进出口报关程序
- 认识进出口报关单
  - 初识报关单
  - 报关单的法律效力
  - 辨析报关单种类
  - 了解报关单填制内容及规范
- 了解报关所需其他单证
  - 明晰报关基本单证
  - 初识报关特殊单证
  - 了解报关备用单证

任务一 体验进出口报关程序

情境导入

2016 年 5 月 5 日，青锋公司与韩国 AB 进出口公司（Korea AB Import& Export LTD.）签订合同，约定于 2016 年 9 月 30 日前由宁波出口一批文具到韩国釜山，成交方式为 CIF，装运港为宁波，卸货港为 Busan Korea。青锋公司正在准备货物出运前的报关。

◎ 回音壁

在进出境活动中，我们还经常使用"通关"这一概念。通关与报关既有联系又有区别。下面，需要我们了解报关、通关的程序，理解报关的含义、范围及分类。

一、初识报关和通关

（一）报关的含义

报关（Customs Declaration）是指进出口货物的收发货人、进出境运输工具的负责人、进出境物品的所有人或其代理人，向海关办理货物、物品、运输工具进出境手续及相关事务的全过程。

《中华人民共和国海关法》（以下简称《海关法》）规定："进出境运输工具、货物、物品，必须通过设立海关的地点进境或者出境。"《海关法》所述的进出境指的是进出我国的关境。

所谓关境，是指适用于同一海关法或实行同一关税制度的领域。在一般情况下，关境的范围等于国境。但对于关税同盟的签署国来讲，其成员国之间的货物进出国境不征收关税，其关境大于国境。如果在国内设立自由港、自由贸易区等特殊区域，因进出这些特殊区域的货物是免税的，因而该国的关境小于国境。

 即问即答

中国香港海关也要受海关总署领导吗？

参考答案

通关与报关都是针对运输工具、货物、物品的进出境而言的，但报关是从海关行政管理相对人的角度出发，仅指向海关办理进出境手续及相关手续；通关不仅包括海关行政管理相对人向海关办理有关手续，还包括海关对进出境运输工具、货物、物品依法进行监督管理，核准其进出境的管理过程。

报关与通关的程序见图 4-1-1。

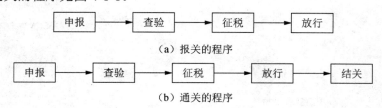

图 4-1-1　报关与通关的程序示意

（二）报关的范围

按照《海关法》的有关规定，所有进出境运输工具、货物、物品都需办理报关手续。报关的具体范围如下：

1. 进出境运输工具

进出境运输工具主要包括用以载运人员、货物、物品进出境，在国际间运营的各种境内或境外船舶、车辆、飞机等。

2. 进出境货物

进出境货物主要包括一般进出口货物、保税货物、暂准进出境货物、特定减免税进出口货物、过境货物、转运货物及其他进出境货物，通过管道、电缆输送的进出境的水、石油、电以及无形的货物，如附着在货物载体上的软件等。

 即问即答

通过管道、电缆输送进出境的水、石油、电等，是否属于进出境货物报关的范围？计算机软件等附着在货品载体上的无形货物的进出境，是否属于进出境货物报关的范围？

参考答案

3. 进出境物品

进出境物品主要包括进出境的行李物品、邮递物品和其他物品。行李物品是指以进出境人员携带、托运等方式进出境的合理数量的自用物品；邮递物品是指以邮递方式进出境的物品；其他物品主要包括享有外交特权和豁免的外国机构或者人员的公务用品或自用物品，以及通过国际快递企业进出境的快件等。

 加油站

区别"货物"和"物品"

日常生活中，我们对"货物"和"物品"的称呼并没有太大的意义差别。但在我国海关的通关管理中，货物和物品是区分对待的。在海关定义中，货物更多地针对企事业单位而言，而物品（如旅客行李、个人邮递物品等）更多地针对个人而言。

（三）报关的分类

按报关的对象划分，可分为进出境运输工具报关、进出境货物报关和进出境物品报关。

按报关行为的性质划分，可分为自理报关和代理报关。前者是指依法具有对外贸易经营权和报关权自行办理报关手续的行为；后者是指依法经海关批准且向海关办理注册登记手续接受进出口货物收发货人的委托代理其办理报关手续的行为。

按报关的目的划分，可分为进境报关和出境报关。对于运输工具、货物、物品的进境和出境，海关分别制定了不同的管理规定，根据其进境或出境的不同目的分别形成了进境报关手续和出境报关手续。

 **学中做**

赖梅兹五金工具制造有限责任公司（江苏分公司）以来料加工的形式为日本商人加工手动五金工具。2014年7月，赖梅兹公司委托上海东浩国际物流公司办理合金钢管的进口业务，同年8月，公司将制成的工具样品委托中外运敦豪快递公司快递给日本客户。2015年3月，公司报关人员自行向海关办理出口手续。在这笔业务的三次进出口活动中，分别由哪三家单位进行报关？这些报关单位的性质分别是什么？（可以表格形式说明）

参考答案

二、一般货物的进出口报关程序

报关程序是指进出口货物收发货人或其代理人按照《海关法》规定的期限和地点，办理进出境运输工具、货物、物品进出境及相关的海关事务的手续和步骤。一般货物的进出口报关程序的具体步骤如下：

（一）申报

申报是指进出口货物收发货人或其代理人在海关规定的期限，按照《海关法》规定的形式，向海关报告进出口货物的情况，申请海关按其申报的内容放行进出口货物的工作环节。

1. 申报地点

一般情况下，出口货物向出境地海关申报，进口货物向进境地海关申报。出口转关货物应当在设有海关的起运地申报，进口转关货物应当在设有海关的指运地申报。

2. 申报期限

出口货物除海关特准外，应当在货物运抵海关监管区后、装货的 24 小时之前向海关申报。进口货物的申报期限是在运输工具申报进境之日起的 14 天内。如果申报期限的最后一天是法定节假日或休息日，则顺延至法定节假日或休息日的第一个工作日。

 即问即答

滨海市阳光进出口公司进口一批残疾人专用仪器，载运该批货物的轮船于 2015 年 6 月 7 日抵达南方某港口。阳光进出口公司应该在什么时候向该港口申报进口？

参考答案

3. 申报单证

准备好递交给海关的报关单和随附单证，申报时所需的单证可以分为四类：报关单、基本单证、特殊单证和备用单证。

4. 申报方式

《中华人民共和国对报关单位和报关员的管理规定》第十九条规定：在实行计算机报关的口岸，代理报关单位、自理报关单位或者报关员应当负责将报关单上申报的数据录入电子计算机，海关方予接受申报。在一般情况下，进出口货物收发货人或其代理人先以电子

数据报关单形式向海关申报，后提交纸质报关单。在特殊情况下，经海关同意，可以单独以纸质报关单或电子数据报关单形式向海关申报。

5. 修改申报内容或撤销申报

海关接受申报后，原则上报关单及随附单证的内容不得修改，申报也不得撤销。但如有正当理由，并经海关同意，可以修改申报内容或撤销后重新申报。

（二）查验

查验是指在接受报关单位的申报后，依法为确定进出境货物的性质、原产地、货物状况、数量和价值是否与货物申报单上已填报的详细内容相符，对货物进行实际检查的行政执法行为。

1. 通知查验

经直属海关对报关电子数据集中审核，或隶属海关对报关书面单证进行审核后，海关认为有必要查验时，即可对报关人员发出书面或电子报关形式的查验通知。查验的地点一般在海关监管区内进行。

报关代理企业收到查验通知后，应及时通知委托人并共同协助海关查验。进出口货物的收发货人或具体经办的报关人员应按海关通知的查验时间，到达查验现场，配合海关查验，并按海关的要求如实回答海关的提问，提供海关所需的单证或其他资料。

2. 查验方式

1）彻底查验，即对货物逐件开箱、开包查验。
2）抽查，即按一定的比例，对货物有选择地开箱、开包查验。
3）外形查验，即对货物的包装、唛头等进行检查、核验。
4）径行开验，即海关在报关人不在场时，自行开拆货物进行查验。海关行使此径行开验权时，一般需要通知货物存放场所的管理人并有见证人在场，见证人应在海关查验记录上签字。

3. 查验费用

海关在查验时会要求将集装箱从堆场调运出来，到了查验场地后要开箱、搬运、拆装箱、重新封箱。这样就会产生一笔短途运费及装卸费用。这笔费用一般先由报关单位垫付，然后向货物的收发货人收取。

4. 货物损坏赔偿

在查验货物时，如果由于海关关员的责任，造成被查货物、货品损坏的直接经济损失，海关应负责赔偿。直接经济损失的金额根据被损坏货物及其部件的受损程度确定，或者根据修理费确定。赔偿金额确定后，由海关填发中华人民共和国海关损坏货物、物品赔偿通知单。当事人收到通知单之日起三个月内凭单向填发海关领取赔偿款，逾期海关将不再赔偿。

 即问即答

上海海关查验一批贵重的精密仪器，在交给发货人或代理人后，有关发货人或其代理人当时并未提出异议，后来确切证实是海关查验时损坏的，那么海关应负赔偿责任吗？为什么？

参考答案

（三）征税

征税是指海关在进出口货物经过一国关境时，依法向进出口商征收关税、消费税、增值税、船舶吨位税和海关监管费、滞报金和滞纳金等在内的相关费用的行为。

属于应纳税、应缴费范围的进出口货物，报关人接到海关发出的纸质税费缴纳通知书后，以支票、本票、汇票或其现金的形式，在海关规定的时间内，向海关指定的银行办理税费缴纳手续，由银行再缴入海关指定的专门账户。对于实行中国电子口岸网上缴税和付费的海关，货物收发货人或其代理人也可以根据海关发出的电子税款缴款书和收费票据，通过网络向海关指定的银行缴付。

 加油站

滞纳金的计算

《海关法》第六十条规定："进出口货物的纳税义务人，应当自海关填发税款缴款书之日起十五日内缴纳税款；逾期缴纳的，由海关征收滞纳金。"在实际操作时，从海关开出税款缴款书的次日算第一天，第十五天遇法定节假日顺延至正常上班的第一天是第十五天，逾期海关每日征收欠缴税款 0.5‰的滞纳金。

（四）放行

海关接受进出口货物的申报，审核电子数据报关单和纸质报关单及随附单据，查验货物，征收税费或接受担保以后，对进出口货物做出结束海关进出境监管的规定。

任务训练

在线测试及参考答案

一、单项选择题

1．工商行政管理部门查获的应当给予行政处罚的香烟走私案件，应移送（　　）依法处理。

    A．海关

    B．税务部门

    C．上一级工商行政管理部门

    D．烟草专卖部门

2．下列不属于报关范围的是（　　）。

    A．进出境人员

    B．进出境运输工具

    C．进出境货物

    D．进出境物品

3．出口货物除海关特准外，应当在货物运抵海关监管区后、（　　）向海关申报。

    A．装货之前的 24 小时

    B．装货的 24 小时之前

    C．装货之前的 48 小时

    D．装货的 48 小时之前

二、判断题

1．进出境物品主要包括进出境的行李物品、邮递物品和其他物品。　　　（　　　）

2．一般进出口货物报关的基本程序是申报—查验—放行。　　　（　　　）

3．径行开验是指海关在报关人不在场时，自行开拆货物进行查验。　　　（　　　）

三、案例分析题

深圳居民李小姐赴港旅游，买回来一部 iPad 平板电脑和一个 LV 手袋。入境时海关人员要求其缴纳关税，李小姐不解地问："我买回来自己用的东西，还用申报缴税吗？"

问：李小姐买回来的个人物品需要纳税吗？为什么？

任务二 认识进出口报关单

情境导入

青锋公司在货物装船后向海关报关,王海伦在申报时需要准备哪些单证?

一、初识报关单

进出口货物报关单是指进出口货物收发货人或其代理人,按照海关规定的格式对进出口货物的实际情况做出书面申明,以此要求海关对其货物按适用的海关制度办理通关手续的法律文书。

二、报关单的法律效力

《海关法》规定:"进口货物的收货人、出口货物的发货人应当向海关如实申报,交验进出口许可证和有关单证。"

进出口货物报关单及其他进出境报关单(证)在对外经济贸易活动中具有十分重要的法律效力,是货物的收发货人向海关报告其进出口货物实际情况及适用海关业务制度、申请海关审查并放行货物的必备法律文书。它既是海关对进出口货物进行监管、征税、统计以及开展稽查、调查的重要依据,又是出口退税和外汇管理的重要凭证,也是海关处理进出口货物走私、违规案件及税务、外汇管理部门查处骗税、逃套汇犯罪活动的重要书证。因此,申报人对所填报的进出口货物报关单的真实性和准确性应承担法律责任。

三、辨析报关单种类

报关单种类相关内容见表 4-2-1。

表 4-2-1 报关单种类相关内容

分类方式	报关单种类	习惯用语	含义
按进出口状态分类	进口货物报关单	进口报关单	海关规定货物进境时的申报内容报表
	出口货物报关单	出口报关单	海关规定货物出境时的申报内容报表
按用途分类	报关单录入凭单	原始报关单	申报单位填的凭单,盖章后交海关
	预录入报关单	报关预录单	预录入公司录入,盖章后输入给海关
	报关单证明联	海关证明联	海关核查货物进出境并提供的证明
按海关监管方式分类	进料加工进出口货物报关单	进料报关单(粉红色)	进料加工贸易方式项下的进(出)口货物申报内容报表
	来料加工及补偿贸易进出口货物报关单	来料报关单(浅绿色)	来料加工贸易及补偿贸易方式项下的进(出)口货物申报内容报表
	一般贸易进出口货物报关单	一般贸易报关单(白色)	一般贸易及其他贸易方式项下的进(出)口货物申报内容报表

四、了解报关单填制内容及规范

报关单无论是采用电子报关单还是纸质报关单向海关申报,都应当按照《中华人民共和国海关进出口货物申报管理规定》和《中华人民共和国海关进出口货物报关单填制规范》的要求,完整、准确及有效地填制进出口货物报关单。

加油站

报关单的填报应做到"两个相符"

报关单的填报应做到"两个相符":①单证相符,即所填报关单各栏目的内容必须与合同、发票、装箱单、提单及批文等随附单据相符;②单货相符,即所填报关单各栏目的内容必须与实际进出口货物的情况相符,不得伪报、瞒报、虚报。

根据海关总署公告 2016 年第 20 号(关于修订《中华人民共和国海关进出口货物报关单填制规范》的公告),海关总署从 2016 年 3 月 30 日开始执行修订后的《中华人民共和国海关进出口货物报关单填制规范》并采用最新的进/出口报关单样式报关。图 4-2-1 为最新版的中华人民共和国出口货物报关单。

出口货物空白报关单

预录入编号：   海关编号：

收发货人			出口口岸		出口日期		申报日期
生产销售单位			运输方式		运输工具名称		提运单号
申报单位			监管方式		征免性质		备案号
贸易国（地区）		运抵国（地区）			指运港		境内货源地
许可证号		成交方式			运费	保费	杂费
合同协议号		件数		包装种类		毛重（千克）	净重（千克）
集装箱号		随附单证					
标记唛码及备注							

项号	商品编号	商品名称、规格型号	数量及单位	最终目的国（地区）	原产国（地区）	单位	总价	币制	征免

特殊关系确认：	价格影响确认：	支付特许权使用费确认：	
录入员　　　　录入单位	兹申明对以上内容承担如实申报、依法纳税之法律责任		海关批注及签章
报关人员	申报单位（盖章）		

图 4-2-1　出口货物空白报关单

下面介绍进出口货物报关单各栏目的填制规范。

1）预录入编号：申报单位或预录入单位对该单位填制录入的报关单的编号，用于该单位与海关之间引用其中申报后尚未批准放行货物的报关单。

2）海关编号：海关接受申报时给予报关单的编号，由海关在接受申报环节确定，应标识在报关单的每一联上。

3）收发货人：本栏目填报在海关注册的对外签订并执行进出口贸易合同的中国境内法人、其他组织或个人的名称及编码。编码可选填 18 位法人和其他组织统一社会信用代码或 10 位海关注册编码任一项。有代理报关资格的报关企业代理其他进出口企业办理进出口报关手续时，填报委托的进出口企业的名称。

4）进口口岸/出口口岸：货物实际进（出）我国关境口岸海关的名称。本栏目应根据货物实际进（出）境的口岸海关选择关区代码表（表4-2-2）中相应的口岸海关名称及代码填报。

表 4-2-2　部分关区代码

关区代码	关区名称	关区代码	关区名称	关区代码	关区名称
0100	北京海关	0800	沈阳关区	3100	宁波海关
0101	机场单证	2200	上海海关	3700	厦门关区
0200	天津关区	2201	浦江海关	5100	广州海关
0201	天津海关	2203	沪机场关	5300	深圳海关

 即问即答

　　实际进出境的隶属海关及编码未列入关区代码表的，该如何填报海关名称及编码？

 参考答案

5）进口日期/出口日期：进口日期是指运载所申报货物的运输工具申报进境的日期，出口日期是指运载所申报货物的运输工具办结出境手续的日期。

6）申报日期：海关接受进出口货物收发货人或其代理人申报办理货物进出口手续的日期。

7）消费使用单位/生产销售单位："消费使用单位"栏目填报已知的进口货物在境内的最终消费、使用单位的名称，"生产销售单位"栏目填报出口货物在境内的生产或销售单位的名称。

8）运输方式：运载货物进出关境所使用的运输工具分类。

9）运输工具名称：运载货物进出境运输工具名称或运输工具编号及航次编号。

10）提运单号：进出口货物提单或运单的编号。

11）申报单位：自理报关的，本栏目填报进出口企业的名称及编码；委托代理报关的，本栏目填报报关企业名称及编码。

12）监管方式：以国际贸易中进出口货物的交易方式为基础，结合海关对进出口货物的征税、统计及监管条件综合设定的海关对进出口货物的管理方式。

13）征免性质：海关对进出口货物实施征、减、免税管理的性质类别。在海关中通常有一般征税、加工设备、来料加工、进料加工、中外合作、中外合资、外资企业、鼓励项目等。

14）备案号：本栏目填报进出口货物收发货人、消费使用单位、生产销售单位在海关办理加工贸易合同备案或征、减、免税备案审批等手续时，海关核发的《加工贸易手册》《征免税证明》或其他备案审批文件的编号。

15）贸易国（地区）：本栏目填报对外贸易中与境内企业签订贸易合同的外方所属的国家（地区）。进口的，本栏目填报购自国；出口的，本栏目填报售予国。

16）起运国（地区）/运抵国（地区）：起运国（地区）是指进口货物起始发出直接运抵我国的国家或地区，或者在运输中转国（地区）未发生任何商业性交易的情况下运抵我国的国家或地区；运抵国（地区）是指出口货物离开我国关境直接运抵的国家或地区，或者在运输中转国（地区）未发生任何商业性交易的情况下最后运抵的国家或地区。

17）装货港/指运港：装货港是指进口货物在运抵我国关境前最后一个境外装运港，指运港是指出口货物运往境外的最终目的港。

18）境内目的地/境内货源地：境内目的地是指已知的进口货物在我国关境内的消费、使用地区或最终运抵的地点，境内货源地是指出口货物在我国关境内的生产地或原始发货地（包括供货地点）。

19）许可证号：本栏目填报以下许可证的编号——进（出）口许可证、两用物项和技术进（出）口许可证、两用物项和技术出口许可证（定向）、纺织品临时出口许可证。一份报关单只允许填报一个许可证号。

20）成交方式：国际贸易中的贸易术语，也称价格术语。成交方式代码表见表4-2-3。

表4-2-3　成交方式代码表

成交方式代码	成交方式名称	成交方式代码	成交方式名称
1	CIF	4	C&I
2	CFR(C&F/CNF)	5	市场价
3	FOB	6	垫仓

21）运费：除货价外，进口货物运抵我国境内输入地点起卸前的运输费用，出口货物运至我国境内输出地点装载后的运输费用。

根据货物的实际情况可以选择运费单价、总价或运费率三种方式之一填报，同时注明运费标记，并按海关规定的货币代码表（表4-2-4）选择填报相应的币种代码。

表4-2-4　常见货币代码表

货币代码	货币符号	货币名称
110	HKD	港币
116	JPY	日元
142	CNY	人民币
300	EUR	欧元
303	GBP	英镑
502	USD	美元

① 按运费率填报，运费标记为"1"。例如，5%的运费率填报为5。

② 按运费单价填报，运费标记为"2"，表示每吨货物的运费单价。例如，18 美元的运费单价填报为502/18/2。

③ 按运费总价填报，运费标记为"3"。例如，3000 英镑的运费总价填报为303/3000/3。

22）保费：进出口货物在国际运输过程中，由被保险人付给保险人的保险费用。

23）杂费：成交价格以外的，按照《中华人民共和国关税条例》（以下简称《关税条例》）等相关规定应计入完税价格或应从完税价格中扣除的费用，如手续费、佣金、折扣等费用。

24）合同协议号：进出口双方就买卖的商品所签订的合同或者协议的编号。

25）件数：有外包装的单件进出口货物的数量。

26）包装种类：进出口货物在运输过程中呈现的形态，也就是货物运输外包装的种类。

27）毛重：货物及其包装材料的重量之和，即商品本身的重量加上其包装材料的重量。

28）净重：货物的毛重扣除外包装材料后的重量，即商品本身的实际重量。

29）集装箱号：在每个集装箱箱体两侧标示的全球唯一编号，一般由四个英文字母和七位数字构成。

30）随附单证：随进出口货物报关单一并向海关递交的单证或文件。

31）标记唛码及备注：本栏目填报要求标记唛码中除图形以外的文字、数字；受外商投资企业委托代理其进口投资设备、物品的进出口企业名称；与本报关单有关联关系的，同时在业务管理规范方面要求填报的备案号，填报在电子数据报关单中"关联备案"栏。

32）项号：所申报货物在报关单中的商品排列序号及该项商品在《加工贸易手册》《征免税证明》等备案单证中的顺序编号。一张报关单上如有多种不同商品，应分别填报清楚，但一张报关单上最多不能超过五项海关统计商品编号的货物。

33）商品编号：按海关规定的商品分类编码规则确定的进出口货物的商品编号。

34）商品名称、规格型号：商品名称是指国际贸易缔约双方同意买卖的商品名称；规格型号是指反映商品性能、品质和规格的一系列指标，如品牌、等级、成分、含量、大小等。

35）数量及单位：进出口商品的成交数量及计量单位，以及海关法定计量单位和按照海关法定计量单位计算的数量。

36）最终目的国（地区）：已知的出口货物最后交付的国家或地区，也即最终实际消费、使用或做进一步加工制造的国家或地区。

37）原产国（地区）：进口货物的生产、开采或加工制造的国家或地区。

38）单价：商品的一个计量单位以某一种货币表示的价格。商品的单价一般包括单位商品价值金额、计量单位、计价货币和价格术语，有的还包括佣金、折扣。

39）总价：进出口货物实际成交的商品总价。

40）币制：进出口货物实际成交价格的计价货币的名称。

41）征免：海关依照《海关法》《关税条例》及其他法律、行政法规，对进出口货物进行征税、减税、免税或特案处理的实际操作方式。征减免税方式代码表见表4-2-5。

表 4-2-5　征减免税方式代码表

代码	名称	代码	名称
1	照章征税	5	随征免性质
2	折半征税	6	保证金
3	全免	7	保函
4	特案		

42）特殊关系确认。本栏目根据《中华人民共和国海关审定进出口货物完税价格办法》（以下简称《审价办法》）第十六条，填报确认进出口行为中买卖双方是否存在特殊关系。买卖双方存在特殊关系，在本栏目应填报"是"，反之，则填报"否"。

43）价格影响确认。本栏目根据《审价办法》第十七条，填报确认进出口行为中买卖双方存在的特殊关系是否影响成交价格，纳税义务人如不能证明其成交价格与同时或者大约同时发生的下列任何一款价格相近的，应当视为特殊关系对进出口货物的成交价格产生影响，在本栏目应填报"是"；反之，则填报"否"。

44）支付特许权使用费确认。本栏目根据《审价办法》第十三条，填报确认进出口行为中买方是否存在向卖方或者有关方直接或者间接支付特许权使用费。特许权使用费是指进出口货物的买方为取得知识产权权利人及权利人有效授权人关于专利权、商标权、专有技术、著作权、分销权或者销售权的许可或者转让而支付的费用。如果进出口行为中买方存在向卖方或者有关方直接或者间接支付特许权使用费的，在本栏目应填报"是"；反之，则填报"否"。

45）版本号。本栏目适用加工贸易货物出口报关单。本栏目应与《加工贸易手册》中备案的成品单耗版本一致，通过《加工贸易手册》备案数据或企业出口报关清单提取。

46）货号。本栏目适用加工贸易货物进出口报关单。本栏目应与《加工贸易手册》中备案的料件、成品货号一致，通过《加工贸易手册》备案数据或企业出口报关清单提取。

47）录入员。本栏目用于记录预录入操作人员的姓名。

48）录入单位。本栏目用于记录预录入单位名称。

49）海关批注及签章。本栏目供海关作业时签注。

出口货物报关单范例见图4-2-2。

中华人民共和国海关出口货物报关单

预录入编号： 　　　　　　　　　　　　　　海关编号：011020160420×××××××

收发货人 18 位统一社会信用代码 北京×××贸易有限公司	出口口岸 北京海关		出口日期 20160401	申报日期 20160329
生产销售单位 18 位统一社会信用代码 内蒙古××××生物科技有限公司	运输方式 空运	运输工具名称		提运单号 880-××××××××
申报单位 91110113670××××××× 北京××××货运代理有限公司	监管方式 0110 一般贸易	征免性质 101 一般征税		备案号
贸易国（地区） 142 中国	运抵国（地区）502 美国	指运港 3166 纽约		境内货源地 15909 内蒙古其他
许可证号	成交方式 FOB	运费	保费	杂费
合同协议号 2016BJ001X	件数 40	包装种类 桶装	毛重（千克） 1150	净重（千克） 1000
集装箱号	随附单证 B			
标记唛码及备注　　随附单证号：				

项号 商品编号 商品名称、规格型号 数量及单位 最终目的国（地区）　单价　　　　总价　　币制　　征免
1. 1302199099　　苹果提取物　　　200 千克　　美国　　　45　　　　9000　　美元　　照章 制作或保存方法：粉末；加工工艺：提纯、烘干；品牌：无
2. 2102200000　　螺旋藻粉　　　　200 千克　　美国　　　8.2　　　　1640　　美元　　照章 是否活性酵母：否；是否已死的单细胞微生物：是；包装规格：25 千克/桶；品牌：无
3. 2932999099　　越橘多酚　　　　25 千克　　　美国　　　325　　　　8125　　美元　　照章 成分含量：15%花青素，35%多酚，5%水分，5%灰分，40%碳水化合物；用途：减缓衰老、增强记忆
4. 2938909090　　甜菊糖甙　　　　200 千克　　美国　　　38　　　　7600　　美元　　照章 成分含量：甜菊糖甙 90%，其他 10%；用途：补充膳食纤维；来源：甜菊干叶
5. 2932999099　　西兰花提取物　　75 千克　　　美国　　　8.5　　　637.5　　美元　　照章 成分含量：萝卜硫素 50%、水分 6%、维生素 6%、类黄酮 5%、碳水化合物和纤维 33%；用途：增香，调味
6. 2932999099　　红景天提取物　　300 千克　　美国　　　23　　　　6900　　美元　　照章 成分含量：红景天甙 96%，水分 2%，灰分 2%；用途：保健品用食品添加剂
7.
8.

特殊关系确认：是　　　　价格影响确认：否　　　支付特许权使用费确认：是		
录入员　　　　　录入单位	兹申明对以上内容承担如实申报、依法纳税之法律 责任	海关批注及签章
报关人员	申报单位（签章） 北京××××货运代理有限公司	

图 4-2-2　中华人民共和国海关出口货物报关单范例

任务训练

一、单项选择题

1. 大连万凯化工贸易公司（210191××××）代理大连万凯化工有限公司（210225××××）对外签约出口货物一批，则报关单上的"经营单位"应填写为（　　）。
 A. 大连万凯化工贸易公司
 B. 大连万凯化工有限公司
 C. 大连万凯化工贸易公司（210191××××）
 D. 大连万凯化工有限公司（210225××××）

2. 5000 欧元的总运费应填写为（　　）。
 A. 502/5000/1　　　　　　　　B. 300/5000/3
 C. 300/5000/2　　　　　　　　D. 5000

3. 一张报关单上如有多种不同商品，应分别填报清楚，但一张报关单上最多不能超过（　　）项海关统计商品编号的货物。
 A. 3　　　　　　B. 4　　　　　　C. 5　　　　　　D. 6

在线测试及参考答案

二、判断题

1. 进出口货物报关单是指进出口货物收发货人或其代理人，按照海关规定的格式对进出口货物的实际情况做出书面申明，以此要求海关对其货物按适用的海关制度办理通关手续的法律文书。　　　　　　　　　　　　　　　　　　　　　　（　　）

2. 报关单按进出口状态分类分为进口货物报关单和出口货物报关单。　（　　）

3. 1000 港币的保险费总价应填报为"110/1000/2"。　　　　　　　　（　　）

三、案例分析题

某进出口公司货运经理小郭报关工作时的一次经历让他记忆犹新。那天下午 4 点 30 分小郭接到一批需急速运到韩国的货物，而海关 5 点就要下班，当时他想：既然是承诺客户的事情，那么就一定要让这批货物及时通关。于是他迅速填好报关单，通过互联网将报关单发往海关，用各种通信手段与有关部门联系，经过一番紧张、繁杂的手续后，终于将这批货物按时运送出关。

问：此案例体现了报关员职业道德的核心要求是什么？

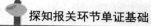

任务三　了解报关所需其他单证

情境导入

青锋公司所申报商品位列 B52084400159 号登记手册备案料件第十一项，法定计量单位为千克，货物于 2016 年 5 月 16 日运抵口岸，当日由王海伦向黄埔海关新港办（关区代码为 5202）办理进口申报手续。保险费率为 0.27%，入境货物通关单编号为442100104064459。该企业在申报进口时除了递交商业发票、装箱单，还需要递交什么单据？

◎ 回音壁

报关所需单证包括基本单证和特殊单证，下面让我们一起来学习报关所需其他单证。

一、明晰报关基本单证

基本单证是指与出口货物直接相关的商业和货运单证。这些单证是由出口发货人根据贸易合同或信用证要求缮制的单证。

（一）商业发票

商业发票（Commercial Invoice）是指出口商开给进口商的收货清单。在国际贸易中，发票没有统一格式，但是一般包括以下内容：发票编号、出票日期、合同号码、发货人名称、收货人名称、装运工具、起讫地点、包装和标志、品名、数量、规格、付款条件、单价和总值等。

（二）装箱单

装箱单（Packing List）又称花色码单，它详细记载货物的名称、数量、包装种类、标志等货运情况。此单可用来补充商业发票内容的不足。

（三）海运提单

海运提单（Bill of Lading）由船公司或其代理人签发，出口报关时随附。

（四）代理报关委托书

代理报关委托书（Letter of Authorization for Customs Declaration）由中国报关协会监制。

没有报关权的出口货物发货人可以委托报关企业代理报关，在委托代理报关时委托人要填写代理报关委托书，报关时随附。

代理报关委托书样本见图4-3-1。

代理报关委托书

编号：2200000190176

我单位现　　（A. 逐票 B. 长期）委托贵公司代理　　等通关事宜。（A. 报关查验 B. 垫缴税款 C. 办理海关证明联 D. 审批手册 E. 核销手册 F. 申办减免税手续 G. 其他）详见《委托报关协议》。

我单位保证遵守《海关法》和国家有关法规，保证所提供的情况真实、完整、单货相符。否则，愿承担相关法律责任。

本委托书有效期自签字之日起至　　年　　月　　日止。

委托方（盖章）：

法定代表人或其授权签署《代理报关委托书》的人（签字）

年　　月　　日

委托报关协议

为明确委托报关具体事项和各自责任，双方经平等协商签订协议如下：

委托方		被委托方		
主要货物名称		*报关单编码	No.	
H.S.编码	□□□□□□□□□□	收到单证日期		年　月　日
进出口日期	年　月　日	收到单证情况	合同□	发票□
提单号			货箱清单□	提（运）单□
贸易方式			加工贸易手册□	许可证件□
原产地/货源地			其他	
传真电话		报关收费	人民币：　　元	
其他要求：		承诺说明：		
背面所列通用条款是本协议不可分割的一部分，对本协议的签署构成了对背面通用条款的同意。		背面所列通用条款是本协议不可分割的一部分，对本协议的签署构成了对背面通用条款的同意。		
委托方业务签章：		被委托方业务签章：		
经办人签章：		经办报关员签章：		
联系电话：　　年　月　日		联系电话：　　年　月　日		

CCBA（白联：海关留存、黄联：被委托方留存、红联：委托方留存）　中国报关协会监制

图4-3-1　代理报关委托书

二、初识报关特殊单证

特殊单证是指国家法律、法规规定实行特殊管制的单证。

（一）中华人民共和国出口许可证

出口许可证（Export Licence）管制是根据国家的法律、政策、对外贸易计划和国内市场的需求，对出口经营权、经营范围、贸易国别、出口货物品种、数量、技术及其相关产品等，实行全面管制、有效监测、规范货物出口的许可制度。出口许可证是国家对实行配额管理商品的出口证件，对实行配额管理的出口商品，出口单位必须于出口前预先申领出口许可证。

（二）中华人民共和国检验检疫出境货物商检通关单

根据《中华人民共和国进出口商品检验法》《中华人民共和国进出境动植物检疫法》《中华人民共和国食品卫生法》和《海关法》规定，凡列入《出入境检验检疫机构实施检验检疫的进出境商品目录》内的出口商品，必须经出入境检验检疫机构实施检验检疫，凭货物报关口岸出入境检验检疫签发的中华人民共和国检验检疫出境货物商检通关单验放，也就是"先报检后报关"的制度。

 即问即答

所有的进出口商品及货物都要报检吗？

 参考答案

（三）来料加工及中小型补偿贸易登记手册

来料加工是指由出口人提供原材料、辅料、包装材料，或部分有关的机器设备、仪器、工具、模具等，委托进口方有关工厂加工成所需要的成品出口。

补偿贸易是指在信贷的基础上，从国外进口机器、设备、技术、物资，约定在一定时期内，用产品或劳务以偿还贷款的一种贸易方式。

来料加工及中小型补偿贸易在进口物料及出口产品报关时，需随附海关核发的《来料加工及中小型补偿贸易登记手册》。

（四）进料加工登记手册

进料加工是指国内有外贸经营权的单位用外汇购买进口原料、材料、辅料、元部件、配套件和包装物料加工成品或成品后，再返销出口的业务。进料加工货物进出口报关时，需随附海关核发的《进料加工登记手册》。

（五）原产地证书

原产地证书（Certificate of Origin）是一种证明货物原产地或者制造地的证明文件。不用海关发票或领事发票的国家，要求提供原产地证明以确定对货物应征收的税率。

（六）普惠制原产地证书

普惠制原产地证书（GSP C/O Form A）是根据普惠制国家给惠国的原产地规则和有关要求，由普惠制受惠国授权机构出具的具有法律效力的证明文件。它是受惠国的出口产品在给惠国享受减免进口关税优惠待遇的凭证。目前，给予我国出口产品普惠制待遇的国家共有 39 个，它们分别是英国、法国、德国、意大利、卢森堡、比利时、希腊、爱尔兰、荷兰、瑞典、芬兰、奥地利、葡萄牙、西班牙、丹麦、爱沙尼亚、波兰、立陶宛、捷克、斯洛伐克、匈牙利、塞浦路斯、马耳他、拉脱维亚、斯洛文尼亚、罗马尼亚、保加利亚（以上 27 个为欧盟成员国）、挪威、瑞士、土耳其、列支敦士登、俄罗斯、白俄罗斯、乌克兰、哈萨克斯坦、日本、加拿大、澳大利亚、新西兰。凡向这些国家出口的货物，需提供普惠制原产地证书。

 即问即答

原产地证书与普惠制原产地证书有什么区别？

参考答案

三、了解报关备用单证

备用单证是指不作为向海关申报时必须提供的单证，而是根据需要要求报关人提供的单证，如贸易合同（Contract）、货物保险单（Insurance Police）。

加油站

特殊报关货物

对于保税货物、特定减免税货物和暂准进出境货物这三大类货物，海关有特定的监管规定。这三大类货物的收发货人在货物实际进出境之前，须办理海关的备案文件，在货物进出境储存、加工、装配、暂时使用后，在规定的期限内，须向海关办理核销、销案、申请解除监管等手续。

1）保税货物（Bonded Cargos）是指经海关批准元办理纳税手续进境，在境内储存、加工、装配后复运出境的货物。

保税货物的特点是"经海关批准"，"是监管货物"，"应复运出境"。

2）特定减免税货物（Special Tariff Concession & Tax Free Cargos）是指海关依照国家政策准予进境货物减免税，并在特定地区（保税区、出口加工区）、特定企业（主要是外商投资企业）、按特定用途（科教用品项目、残疾人专用品）使用的货物。

3）暂准进出境货物（Temporary Cargos）是指为了特定的目的，经海关批准暂时进出境，有条件的暂时免纳进出口税，在规定的期限内（六个月），按原状复运出境或复运进境的货物。暂准进出境货物在实际进出境之前，报关人应当办理这些物品的备案手续并申领有关的暂免进出口税费。例如，展览会的展览品清单、歌星演唱会使用的服装、音响等都需要备案。

任务训练

一、单项选择题

1. 下列属于报关基本单证的是（   ）。

    A. 原产地证书   B. 出口货物许可证

    C. 出境货物商检通关单   D. 商业发票

2. 下列属于报关特殊单证的是（   ）。

    A. 提单   B. 装箱单

    C. 出境货物商检通关单   D. 商业发票

在线测试及参考答案

3．下列属于报关备用单证的是（　　　　）。

    A．提单　　　　　B．合同　　　　　C．装箱单　　　　　D．产地证

二、判断题

1．发票又称花色码单，记载货物的名称、数量、包装种类、标志等货运情况。（　　）

2．特殊单证是指国家法律、法规规定实行特殊管制的单证。（　　）

3．原产地证书是一种证明货物原产地或者制造地的证明文件。（　　）

三、案例分析题

    中国石油化工进出口公司从美国进出口原油15万吨，由一艘船舶装运进口，在进口报关时除应向海关提交进口货物报关单外，还应向海关提交哪些报关单证？并说明理由。

项目五

探知运输环节单证基础

项目目标

◇ **知识目标**

1）掌握海洋运输方式及其他运输方式。

2）掌握海运提单及其他运输单据。

◇ **能力目标**

1）能认识海洋运输方式及所需单据。

2）能熟知海运提单并了解海洋运单和相关国际惯例。

3）能认识其他国际运输方式并了解相应的运输单据。

项目导读

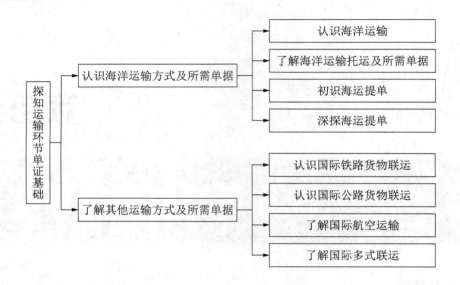

```
探知运输环节单证基础
├─ 认识海洋运输方式及所需单据
│   ├─ 认识海洋运输
│   ├─ 了解海洋运输托运及所需单据
│   ├─ 初识海运提单
│   └─ 深探海运提单
└─ 了解其他运输方式及所需单据
    ├─ 认识国际铁路货物联运
    ├─ 认识国际公路货物联运
    ├─ 了解国际航空运输
    └─ 了解国际多式联运
```

任务一 认识海洋运输方式及所需单据

情境导入

近日，青锋公司接到了来自德国 OMO 公司进口保温杯的订单，数量为 2 万只，要求采用海洋运输的方式，于 2015 年 5 月底前装运。经理要求王海伦安排运输事宜。首次接触海洋运输的王海伦决定先学习一下相关知识，了解海洋运输过程中需要用到的单据。

◎ 回音壁

在学习海洋运输方式时，需要掌握海洋运输的定义，理解海洋运输的特点，掌握海洋运输的分类。下面，让我们一起畅游在海洋运输中去吧。

一、认识海洋运输

（一）海洋运输的含义

海洋运输（图 5-1-1）又称国际海洋货物运输，是指货物利用船舶通过海上航道在不同国家（地区）之间的港口间进行流转。海洋运输是目前国际货物运输中最主要的运输方式。

图 5-1-1　海洋运输

中国有着良好的港口条件，如上海港、宁波港等，随着经济的飞速发展，海运业也得到了蓬勃的发展。目前，中国将近 90% 的货物通过海洋运输的方式运往世界各地，中国已经成为世界海运大国之一。

（二）海洋运输的特点

1. 通过能力强

地球表面 70% 被海洋所覆盖，天然的航道优势使得海洋运输不受道路和轨道的限制，有着较强的通过能力。

2. 运载量大

随着科学技术的不断发展，造船技术也在不断提升。远洋货轮有着较大的运载能力。例如，集装箱货轮"马可波罗号"设计装载量为 16 020 个 20 英尺标准集装箱（TEU），船身长约 369.2 米，宽约 54.2 米，载重 187 625 公吨。

3. 运费低廉

因为用于海洋运输的航道天然形成，这样就可以节省大量的基础设施建设费用。加之海洋运输的通过能力强、运载量大、运输路线长、速度较慢、船舶下线后使用年限长等原因，使得海洋运输单位运输成本较低，特别适合运载大宗货物。

4. 速度慢

海洋运输也有其不可避免的缺点，它的运输速度较慢，最快的班轮运输速度也只有30 海里/小时。所以，海洋运输方式并不适用于急需物资的运输。

5. 风险较大

海洋运输过程中受自然条件影响较大，如暴风雨、海啸、台风等自然灾害都给海洋运输带来威胁，加之罢工、战争、海盗盗抢等原因，使得货物在长时间的海洋运输过程中面临风险。

（三）海洋运输的分类

海洋运输根据船舶运营方式的不同可以分为班轮运输和租船运输两种。

1. 班轮运输

班轮运输（Liner Transport）又称定期船运输，即船舶在固定的航线上和固定的港口间按事先公布的固定船期表航行，从事客货运输业务，并按相对固定费率收取运费，具有"四固定"的特点。

在班轮运输业务中，承运人和托运人之间一般不另外签署运输合同，双方之间的权利、义务、责任及其豁免以提单背面的条款为依据。班轮运输手续简单，特别适用于一般杂货和小额贸易货物的运输需要。

2. 租船运输

租船运输（Shipping by Chartering）又称不定期船运输，其运营中无固定航线、港口、船期、运价，较为灵活，运价低于班轮运价，适合量大低值的特定大宗货物运输。租船运输主要可以分为定程租船（程租船）和定期租船（期租船）。

二、了解海洋运输托运及所需单据

海洋运输在国际物流中起着极其重要的作用，那么在备货后如何租船订舱、办理托运？在这个过程中又会涉及哪些单据？下面将介绍这方面的相关知识。

（一）海洋运输托运

有效托运是顺利装船的前提。托运手续比较繁杂，在整个过程中将涉及进出口商、货运代理、承运人、海关等众多部门。

1. 海洋运输托运的含义

海洋运输托运是众多货物托运方式中的一种，是一种国际物流的形式，是指托运人（进出口商或货运代理公司）委托具有资质的承运人（船公司）将货物运输到指定港口，交给指定的收货人。

在我国的实际业务中，船公司一般不直接接受进出口商的托运申请，所以一般由货运代理公司来办理托运手续。

2. 海洋运输托运流程

以下托运流程（图5-1-2）以CIF贸易术语下的出口合同为背景。

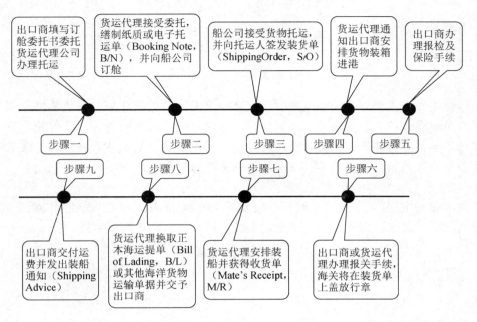

图 5-1-2　海洋运输托运流程

 即问即答

 在 FOB 贸易术语下，由进口商负责租船订舱，那么具体的托运步骤是怎样的呢？

参考答案

　　在海洋货物运输托运中，除了以上流程中提到的单据外，出口公司还应该准备好发票、装箱单。若有需要则应该准备代理报关委托书、出境货物通关单和必要的出口许可证等单据。

（二）海洋运输托运所需单据

1. 托运单

　　托运单是托运人根据贸易合同或信用证条款填制，并盖章确认的单据，用于向承运人或其代理人办理货物托运。承运人根据托运单内容，并结合船舶的航线、挂靠港、船期和舱位等条件考虑，认为合适后，即接受托运。托运单是托运人办理托运的凭证，是船公司安排运输的依据，是提单的原始凭证，是运输合同的组成部分。

 加油站

订舱委托书和托运单

　　订舱委托书是出口商填制交给货运代理公司委托其代理租船订舱的单据，而货运代理公司审核订舱委托书接受出口商申请，根据订舱委托书的内容，将订舱委托书更换成托运单，并传递给船公司，所以订舱委托书和托运单的本质是相同的。集装箱托运业务中装货单相当于配舱单，而收货单相当于场站收据。

　　在实际业务中，托运单的填制时间一般要早于装运期 10 天左右，遇到港口繁忙的月份，还需要适当提早，出口商应及早办理托运手续。托运单样本见图 5-1-3。

海运出口托运单

托运人 _____
Shipper _____
编号　　　　　　　　　　　　　船名 _____
No. _____　　　　　S/S _____
For _____

标记及号码 Marks & Nos.	件数 Quantity	货名 Description of Goods	重量（千克） Weight Kilos	
			净 Net	毛 Cross
			运费付款方式	
共计件数: Total Number of Packages in Writing:				
运费计算		尺码 Measurement		
备注	1. 海关报关文件包括发票、装箱单、报关单及出口报关委托书。 2. 付款方式：核销单在出口后 4 周内退回。 3. 提单电放，请速开票。			
通知		可否 转船		可否 分批
收货人		装期		有效期
		金额		提单 张数
配货 要求		银行 编号		信用 证号

图 5-1-3　海洋运输散货班轮托运单

订舱委托书是出口公司制作的，其内容与托运单一致，其样本见图 5-1-4。

海洋运输订舱委托书

Shipper		订舱单		
Consignee		To: 我司配载贵司货物如下： 开船日： 箱型、数量		
Notify:		合同号：		
		运费：		
		Vessel/Voyage		
Port of Loading	Port of Discharge	Transshipment		Partial Shipment
Marks & Numbers	Description of Goods （请务必填写中文品名以及商品编码）	No. of Packages	Gross Weight	Meas.
Total Number of Containers or Packages				
客户要求 □送货　　□产装　　□代理报关　　□代理报检　　□投保				
产装 信息	产装地址及预计日期： 单位名称： 地址： 联系人： 联系电话：	订舱公司： 联系人： 电话： 传真：		
特殊 要求				

图 5-1-4　海洋运输订舱委托书

2. 装货单

装货单是船公司在接受了托运人的托运申请后签发给托运人的，用以命令船长将承运的货物装船的单据。它既是通知船方装船的指示文件，又是托运人货物托运成功的证明，同时，出口商或货运代理公司还要凭装货单向海关对货物进行报关，所以装货单又被称作关单。装货单样本见图 5-1-5。

中国外轮代理公司
CHINA OCEAN SHIPPING AGENCY
装货单
SHIPPING ORDER

编号：
S/O No.: _____

船名：   目的港：
S/S: _____   For: _____

托运人：
Shipper: _____

兹将下列完好状况的货物装船后希签署收货单。
Received on board the following goods apparent in good order and condition and sign the accompanying receipt for the same.

标记及号码 Marks & Nos.	件数 Quantity	货名 Description of Goods	毛重量（千克） Gross Weight in Kilos	尺码 Measurement 立方米 Cu.M.

共计件数（大写） Total Mumber of Packages in Writing				

日期：   时间：
Date: _____   Time: _____

装入何舱：
Stowed: _____

实收：
Received: _____

理货员签名：   经办员：
Tallied: _____   Approved by: _____

图 5-1-5 海洋运输装货单

3. 收货单

收货单是货物装上船后，由船上大副签署给托运人的单据，作为证明船方已收到货物并装上船的凭证，船方开始对货物负责，托运人可以凭此向船公司或其代理人换取已装船提单，所以收货单又被称为大副收据。大副签署收货单时，若发现货物外表情况不良，标志不清，有水渍、油渍，数量短缺，货物损坏等情况，大副会将这些情况记录在收货单上。收货单样本见图 5-1-6。

中国外轮代理公司
CHINA OCEAN SHIPPING AGENCY
收货单
MATE'S PECEIPT　　　　　　　　　S/O　No.

船名：　　　　　　　航次：　　　　　　目的港：
Vessel Name: _____　Voy: _____　For:_____
托运人：
Shipper: _____
收货人：
Consignee: _____
通知：
Notify: _____
下列完好状况的货物已收妥无损。
Received on board the following goods apparent in good order and condition.

标记及号码 Marks & Nos.	件数 Quantity	货名 Description of Goods	毛重量（千克） Gross Weight in Kilos	尺码 Measurement 立方米 Cu.M.
共计件数（大写） Total Mumber of Packages in Writing				

日期：　　　　　　　　　　　　时间：
Date: _____　Time:_____
装入何仓：
Stowed:_____
实收：
Received:_____
理货员签名：　　　　　　　　　大副：
Tallied: _____　Chief Officer:_____

图 5-1-6　海洋运输收货单

4. 海洋集装箱运输下的场站收据

在海运实务中，集装箱的使用越来越广泛。当货物采用集装箱运输时，场站收据（Dock Receipt，D/R）起到了很重要的作用。

场站收据是一份综合性单证，它把货物托运单（订舱单）、装货单（关单）、收货单（大副收据）等单证汇成一份，这对于提高集装箱货物托运效率和流转速度有很大意义。场站收据样本见图 5-1-7。

集装箱场站收据

Shipper（发货人）	D/R NO.（编号）　　　SITC GROUP
Consignee（收货人）	场 站 收 据 DOCK RECEIPT
Notify Party（通知人）	Receive by the carrier the total number of containers or other packages or units stated below to be transported subject to the terms and conditions of the carrier's regular form of Bill of Lading（for Combined Transport or Port to Port Shipment）which shall be deemed to be incorporated herein. Date（日期）
Pre-carriage by（前程运输）　　Place of Receipt（收货地点）	
Ocean Vessel（船名）　　　Port of Loading（装货港）	场站章

Port of Discharge（卸货港）　　Place of Delivery（交货地点）				Final Destination for the Merchant's Reference　（目的地）	
Container No. 集装箱号	Seal No.（封志号）Marks and Nos..（标记与号码）	NO. of Container or Pkgs（箱数或件数）	Kind of Packages: Description of Goods（包装货物与种类）	Gross Weight 毛重（千克）	Measurement 尺码（立方米）
Total Number of Containers or Packiages (in Words) 集装箱数或件数合计（大写）					
Container No.（箱号）　　Seal No.（封志号）　　Pkgs.（件数）			Container No.（箱号）　　Seal No.（封志号）　　Pkgs.（件数）		
			Received（实收）　　By Terminal Clerk（场站员签字）		

Freight and Charges	Prepaid at（预付地点）	Payable at（到付地点）	Place of Issue（签发地点）
	Total Prepaid（预付总额）	N0.of Original B（s）/L（正本提单份数）	

Service Type on Receiving -CY , -CFS ,-DOOR	Service Type on Delivery -CY , -CFS ,-DOOR	Reefer –temperature Required （冷藏温度） °F　　　°C

TYPE OF GOODS	Ordinary □普通	Reefer □冷藏	Dangerous □危险品	Auto □裸装车辆	危险品	Class; Property; Imdg Code Page
	Liquid □液体	Live Animal □活动物	Bulk □散装	□_____		

图 5-1-7　集装箱场站收据

在实际业务中，场站收据的格式各不相同，有七联单、十联单和十二联单之分。以普遍使用的十联单为例，其组成如下：

第一联：集装箱货物托运单货主留底（白色）。

第二联：集装箱货物托运单货运代理留底（白色）。

第三联：运费通知（1）（白色）。

第四联：运费通知（2）（白色）。

第五联：场站收据副本（1）装货单（关单）（白色）。

第六联：场站收据副本（2）大副联（粉红色）。

第七联：场站收据（正本联）（淡黄色）。

第八联：货运代理留底（白色）。

第九联：配舱回单（1）（白色）。

第十联：配舱回单（2）（白色）。

在使用场站收据时第五至七联比较重要。船公司接受托运后在第五联填制船名航次和编号，并盖章确认后交还货运代理。货运代理持第五至七联协同其他相关单据向海关申请报关，海关在第五联上盖章放行。货运代理负责在第五至七联上补充箱号、封箱号等内容，并将货物与这三联一起交予集装箱堆场（Container Yard，CY）或集装箱货运站（Container Freight Station，CFS）。集装箱装船后，若由大副检查没有外表不良或缺陷，则港口场站将第五联和第六联留底，将第七联还给货运代理以换取清洁提单。

三、初识海运提单

（一）海运提单的含义

海运提单是指用以证明海上货物运输合同和货物已经由承运人接收或者装船，以及承运人保证据以交付货物的单证。在实际业务中，提单是由承运人或其代理人在货物装船后（也可以是货物在承运人掌管之后）签发给托运人（出口商或货运代理公司）的一种凭证，收货人在目的地凭提单向运输公司提货。

（二）海运提单的作用与性质

1. 海运提单的作用

（1）提单是承运人收到货物或已经将货物装船的证明

对于托运人来说，提单是承运人收到货物的收据。提单的签发时间即货物装船完毕的时间。若货物尚未装船但已在承运人的监管之下，承运人也有签发提单的义务，表示货物已收妥待运，承运人开始对货物负责。

（2）提单是承运人据以交付货物的凭证

承运人需要根据提单的记载向特定的人交付货物。在进口地，提单持有人可以凭提单正本提货。

（3）提单是运输合同的证明

提单背面条款约定了托运人和承运人之间的权利义务关系，但是并不能说提单就是运输合同。因为运输合同应该是在提单签发之前就通过要约和承诺的方式成立的，签发提单只是承运人履行合同的一个步骤。当然，托运人和承运人之间也可以另外签订运输合同，当与提单条款不相符时，以运输合同为准。

（4）提单是贸易结汇的重要单据

提单在国际结算中起着重要作用。无论采用何种支付方式，提单对于货款结算是否顺利起着十分重要的作用。特别是在跟单信用证方式下，出口商只有提交了符合信用证要求的提单，银行才予以结汇。提单也是银行能顺利获得进口商付款的保障。

2. 海运提单的性质

提单是物权凭证。根据商业惯例，占有提单就相当于占有了货物。提单最重要的性质便是对提单项下的货物享有权利的人可以通过转让提单来处置在途运输货物。提单经过背书手续转让相当于交付了货物，因此提单是一种物权凭证。

 即问即答

是不是进口商持有提单就能在目的地提货？

 参考答案

四、深探海运提单

（一）海运提单的内容

每家船公司印制的提单格式各不相同，但内容大同小异。其主要由正面内容和背面条款构成。

1. 正面内容

《中华人民共和国海商法》（以下简称《海商法》）第七十三条对提单的内容做了规定，提单内容应包括：①货物的品名、标志、包数或者件数、重量或者体积，以及运输危险货物时对危险性质的说明；②承运人的名称和主营业所；③船舶名称；④托运人的名称；⑤收货人的名称；⑥装货港和在装货港接收货物的日期；⑦卸货港；⑧多式联运提单增列接收货物地点和交付货物地点；⑨提单的签发日期、地点和份数；⑩运费的支付；⑪承运人或者其代表的签字。

提单缺少前款规定的一项或者几项的，不影响提单的性质；但是，提单应当符合《海商法》的规定。《海商法》关于提单内容的规定表明只要不违背提单的定义，不影响提单的功能作用，以上 11 项内容未必需要一一罗列。但除在内陆签发多式联运提单时的船舶名称，签发海运提单时多式联运提单的接收货地点和交付货物的地点以及运费的支付这 3 项可以缺少外，其他 8 项内容是必不可少的。提单正面内容见图 5-1-8。

Shipper	B/L NO.
	COSCO 中国远洋运输公司 **CHINA OCEAN SHIPPING GROUP COMPANY**
Consignee	
Notify Party	RECEIVED IN EXTERNAL APPARENT GOODS ORDER AND CONDDITION EXCEPT OTHEWISE NOTED.THE TOTAL NUMBER OF CONTAINERS OF OTHER PACKAGES OR UNITS SHOWN IN THIS BILLOF LADING RECEIPT.SAID BY THE SHIPPER TO CONTAINTHE GOODS DESCRIBED ABOVE.WHICH DESCRIPTION THE CARRIER HAS NO REASONABLE MEANS OF CHECKING AND IS NOT PART OF THE BILL CF LADING. ONE ORIGINAL BILL OF LADING SHOULD BE SURRENDERED.EXCEPT CLAUSE 22 PARAGRAPH5.IN EXCHANGE FOR DELIVERY OF THE
Pre-carriage by Place of Receipt	SHIPMENT.SIGNED BY THE CONSIGNED OR DULY ENDORSED BY THE HOLDER IN DUE COURSE.WHEREUPON THE OTHER ORIGINAL（S）ISSUED SHALL BE VOID.IN ACCEPTING THIS BILL OF LADING.THE MERCHANTS AGREE TO BE BOUND BY ALL THE TERMS ON THE FACE AND BACK HEREOF AS IF EACH HAD PERSONALLY SIGNED THIS BILL OF LADING. WHENTHE PLACE OF RECEIPT OF THE GOODS AN INLAND POINT AND IS SO NAMED
Ocean Vessel Voy. No. Port of Loading	HEREIN.ANYNOTATION OF "ON BOARD" "SHIPPED ON BOARD" OR WORDS TO LIKE EFFECT ON THIS BILL OF LADING SHALL BE DEEMED TO MEAN ON BOARD THE TRUCK,TRAIL CAR,AIR CRAFT OR OTHER ISLAND CONVEYANCE （AS THE CASE MAY
Port of Discharge Place of Delivery	BE）,PERFORMING CARRIAGE FROM THE PLACE OF RECEIPT OF THE GOODS TO THE PORT OF LOADINGSEE CLAUSE4 ON THE BACK OF THIS BILL OF LADING （TERMS CONTINUED ON THE BACK HEREOF READ CAREFULLY.

Container No.	Seal No. Marks & Nos.	No. of Containers of P'kgs	Kind of Packages; Description of Goods Final Destination for the Goods-not the Ship	Gross Weight	Measurement

Total Number of Containers
or Packages (In Words)

Freight & Charges	Revenue Tons	Rate	Per	Prepaid	Collect

Ex.Rate:	Prepaid at	Payable at	Place and Date of Issue
	Total Prepaid	No. of Original B（s）L	Signed for the Carrier

Date
    By

图 5-1-8　提单正面内容

2. 背面条款

提单背面具有船公司事先印制的格式性条款，其内容是不可变的。各个船公司提单背面条款繁简不一，但内容基本相同，都约束了承运人和托运人之间的权利义务关系。其主要内容有定义条款、管辖权条款、首要条款、责任期限条款、包装和标识、运费和其他费用、自由转船条款、错误申报、承运人责任限额、共同海损、美国条款、舱面货、活动物与植物、留置权条款。

（二）海运提单的分类

在实际业务中，从不同的角度可以把提单分为多种类型，有着不同的特点。提单主要分为以下几类，见表5-1-1。

表5-1-1　海运提单的种类及含义

分类依据	提单种类	提单含义
货物是否已装船	已装船提单（Shipped B/L）	货物装船后由承运人或其代理人签发的提单。该提单上必须载明运载船只和装船日期。实际业务中一般要求使用已装船提单结汇
	备运提单（Received for Shipment B/L）	货物受承运人监管但尚未装船时承运人签发的提单。因为货物未上船，故买卖双方风险并未转移，一般不能结汇使用，单集装箱运业务除外
收货人抬头不同	记名提单（Straight B/L）	"收货人"一栏填写指定收货人的提单。承运人只能将货物交给提单上记载的指定收货人，较为安全。但其不能做背书转让，无流通性，故在实际业务中较少使用，一般用于贵重物品的托运
	指示提单（Order B/L）	"收货人"一栏填写"凭指示"或"凭某人指示"字样的提单。指示提单可以背书转让，在国际贸易中大量使用
收货人抬头不同	不记名提单（Bearer B/L）	"收货人"一栏填写"交与持有人"的提单，又称空白提单。这种提单不需要背书手续便可转让，风险较大，故在实际业务中较少使用
表面批注情况	清洁提单（Clean B/L）	提单表面无不良批注的提单。该批注仅就货物的外表状态而言，表明承运人所收到的货物表面状况良好。结汇时需要递交清洁提单
	不清洁提单（Foul B/L）	提单表面有不良批注的提单，表明货物装船时货物表面状况不良。在实际业务中，银行一般不接受不清洁提单
运费支付情况	运费预付提单（Freight Prepaid B/L）	提单表面标注"Freight Prepaid"的提单，常在CFR和CIF贸易术语下使用
	运费到付提单（Freight to Collect B/L）	提单表面标注"Freight Collect"的提单，常在FOB贸易术语下使用
运输方式不同	直达提单（Direct B/L）	货物装上船后不经转船直接运往目的港卸货的情况下所签发的提单。该提单对买方较为有利
	转船提单（Transshipment B/L）	货物装上船后需要在中转港换船转至目的港的情况下所签发的提单。转船会增加买方的风险、费用，浪费时间，在无直达船的情况下考虑使用

续表

分类依据	提单种类	提单含义
运输方式 不同	联运提单 （Through B/L）	货物经过海运和其他运输方式联合运输时，由第一承运人签发的包含全程的提单。第一承运人仅对海运的第一段运输负责
	多式联运提单 （Multimodal Transport B/L）	货物由两种或两种以上运输方式联合运输时使用的适用于全程的提单。该提单由多式联运承运人签发，对承运货物的全程运输负责，在集装箱运输中广泛使用
提单签发 时间	倒签提单 （Anti-dated B/L）	签发日期早于实际装船日期的提单，是承运人为了使提单符合信用证要求而勾结船公司所使用的欺诈性单据
	预借提单 （Advanced B/L）	货物未装船或未装船完毕的情况下签发的已装船提单，是托运人为了顺利结汇而向承运人借用的提单
	过期提单 （Stale B/L）	晚于装船日后21天递交银行结汇的提单。根据信用证有关规定，银行不接受这种提单。同时它也用于提单晚于货物到达目的港的情况

 加油站

背　书

提单的背书是指背书人在提单背面写上批注，将提单项下的货物物权转让给被背书人的行为。在实际业务中仅有指示提单需要背书。提单的背书又可以分为两种类型，记名背书和空白背书。采用记名背书时，背书人需要签署自己的名称、被背书人的名称及背书日期，采用空白背书时则不出现被背书人的名称。

（三）提单业务流程

1. 提单在运输环节的使用流程

出口商获得提单后，通过银行或自行将提单寄送到收货人处，收货人凭提单在目的港收货。在实际业务操作中，收货人往往需要凭提单到承运人在目的地的代理处换取提货单，再凭提货单提货，具体流程见图5-1-9。

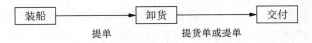

图 5-1-9　提单在运输环节的使用流程

2. 提单在贸易结算环节的使用流程

在跟单托收和跟单信用证支付方式下，提单作为重要运输单据是出口方从银行顺利结汇的保障。特别是跟单信用证下，银行还将认真审核出口商递交的提单，在单证相符的情况下付款，然后凭提单向进口商提示付款。跟单信用证支付方式下提单流转程序见图5-1-10。

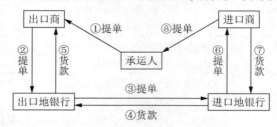

图 5-1-10　提单在贸易结算环节的使用流程

任务训练

在线测试及参考答案

一、单项选择题

1. 在我国对外贸易中使用最为广泛的运输方式为（　　　）。
   A．海洋运输　　　　　　　　　　B．铁路运输
   C．航空运输　　　　　　　　　　D．公路运输
2. 对于一般杂货和小额贸易货物的运输，较为适用的海洋运输方式为（　　　）。
   A．程租船　　　　　　　　　　　B．期租船
   C．光船租船　　　　　　　　　　D．班轮运输
3. 托运人、收货人名称，装、卸货港名称，货物的描述等内容属于提单的（　　　）。
   A．正面内容　　　　　　　　　　B．背面条款
   C．正面条款　　　　　　　　　　D．附加条款

二、判断题

1. 因为海洋运输具有运量大、运价低和风险较小的特点，所以其成为国际贸易中主要的运输方式。　　　　　　　　　　　　　　　　　　　　　　　　　　（　　　）
2. 只有指示提单能被转让，所以在实际业务中它被广泛使用。　　　　　（　　　）
3. 若提单晚于货物到达目的港，则被称作过期提单。　　　　　　　　　（　　　）

三、案例分析题

我国 A 商与日本 B 商以 CIF 贸易术语签订了一份服装出口合同，出口服装 10 000 件，平均装在 100 个纸箱中。出口商按时将货物装船，取得清洁提单，并在规定时间向银行进

行结汇议付。货物到港后经清点，发现货物只有99箱，其中一箱服装短缺1件，于是向A商提出索赔。

问：A商应如何处理？并说明理由。

任务二 了解其他运输方式及所需单据

情境导入

学习了海洋运输方式以及海洋运输单据后，王海伦想要继续了解其他运输方式如何在进出口贸易中发挥作用，带着这个疑问，他展开了一系列的学习。

◎ 回音壁

在学习其他运输方式时，需要了解国际铁路货物联运、国际公路运输、国际航空运输及国际多式联运等相关内容，接下来让我们一起去学习。

一、认识国际铁路货物联运

（一）国际铁路货物联运的含义

国际铁路货物联运简称国际联运，是指在两个或两个以上国家的铁路运送中使用一份运送票据，并以连带责任办理货物的全程运送。在由一国铁路向另一国铁路移交货物时，无须发、收货人参与，而由铁路部门办理负责。

（二）国际铁路货物联运单

国际铁路货物联运单是铁路与发货人之间缔结的具有运输契约性质的一种运送单据。它明确规定了在货物运输过程中双方的权利、义务和责任。此运单正本从始发站随同货物附送至终点站并交给收货人，是铁路同货主之间交接货物、核收运杂费用和处理索赔与理赔的依据。运单副本是卖方凭以向银行结算货款的主要单据。国际铁路货物联运单样本见图5-2-1。

国际铁路货物联运单正本

发送路简称 中铁	1．发货人，通信地址：		25．批号（检查标签）	运输号码：
				2．合同号码：
	5．收货人，通信地址：		3．发货站：	
			4．发货人的特别申明：	
6．对铁路无效约束力的记载：			26．海关记载	
7．通过的国境站：			27．车辆/ 28．标记载重（吨）/ 29．轴数/ 30．自重/ 31．换装后的货物重量	
8．到达路和站				

	9．记号，标记，号码	10．包装种类	11．货物名称 50．附件第二号	12．件数	13．发货人确定的件数（千克）	32.铁路确定的件数（千克）
国际货协——运单慢运						

14．共计件数（大写）：		15．共计重量（大写）：	16．发货人签字	
17．互换托盘 数量		集装箱/运送用具		
		18．种类 类型	19．所属者及号码	
20．发货人负担下列过境铁路的费用：		21．办理种别： /	22．由何方发车： /	33
		整车 ┃ 零担 ┃ 大规模集装箱	发货人 ┃ 铁路	34
		不需要的划清		35
		24．货物的声明价格：		36
23．发货人添附的文件				37
		45．封印		38
		个数	记号	39
				40
46．发站日期数	47．到站日期数	48．确定重量方法 49．过磅的戳记，签字		41
				42
				43
				44

图 5-2-1　国际铁路货物联运单正本

（三）国内铁路货物运输

国内铁路货物运输是指进出口货物在一国范围内的铁路运输。内地对港澳地区的铁路运输是一种具有"租车方式，两端运输"特点的运输方式。其由国内段和港段铁路组成，由发货地至深圳北站为国内段运输，自边境罗湖东站起至九龙站位港段运输，全场 34 公里。

承运货物收据为各地外运公司以货物代理的身份向外贸公司签发的，负责发站至香港的全程运输的单证。它是向银行结汇的凭证，代表货物的所有权，也是香港收货人的提货凭证。承运货物收据样本见图 5-2-2。

承运货物收据

中国对外贸易运输公司河北分公司 正承运货物收据本 **CARGO RECEIPT**	
编号： 托运人： 承运人： 货至目的地通知： 地址： 车号： 运单号： 装车日期： 自 装运经由 至	
运费缴付地	接洽提货地点
押汇银行签认	收货人签认
1. 有效承运收据共发纸凭壹提货其余即作无效。 2. 本据自签发之日起满足叁个月，无人持单提货，即告作废。	承运人签字 公元 年 月 日签于

图 5-2-2 承运货物收据

承运货物收据既是承运人的货物收据，也是承运人与托运人之间的运输合同。由于这种货物收据是由中国对外贸易运输公司以运输行身份签发的运输单据，只有在信用证条款允许时银行才愿接受。

二、认识国际公路货物联运

（一）国际公路货物运单的含义

国际公路货物运单是国际公路货物运输及运输代理的合同凭证，是托运人与承运方之间有关货物经公路运输到国外的一种合同协定。它是承运方接受该货物的公路运输，并在运输期间负责保管和据以交付的凭据，也是记录车辆运行和行业统计的原始凭证，其一般不作为该批货物所有权的凭证。

（二）国际公路货物运单的组成内容

国际公路货物运单一式三联，发货人和承运人各持运单的第一、三联，第二联随货物走。此运单必须记载下列事项：运单签发日期和地点，发货人、承运人、收货人的名称和地址，货物交接地点、日期，一般常用货物品名和包装方式，货物重量、运费等。国际公路货物运输单据样本见图 5-2-3。

国际公路货物运单

托运人				承运人			
地址				地址			
电话				电话			
货物名称	包装方式	件数	每件体积（立方厘米）	重量（千克）		托运总吨位	
				每件	最重件	实重吨	车辆吨
装货地点		发货人		地址			
				电话			
卸货地点		收货人		地址			
				电话			
起运日期	年　月　日		到达日期	年　月　日		运费结算方式	

需要车辆数： 需要车种： 起运地： 到达地： 发货单位： 收货单位： 运到日期： 委托注意事项： 运输距离：公里 运费人民币（大写）：	经济责任：不按运输托运单规定时间和要求配货发车的，由承运单位酌情赔偿损失；运输过程中货物灭失、短少、损坏，按货物的实际损失赔偿。托运方未按货物单规定时间和要求提供托运的货物，应偿付承运方实际损失的违约金。由于货物包装缺陷产生破损，造成人身伤亡，托运方应承担赔偿责任。 附：结算单据等 托运方：（盖章） 年　月　日 承运方： （盖章） 年　月　日 收货人签字： 年　月　日

图 5-2-3　国际公路货物运单

三、了解国际航空运输

（一）国际航空运单的含义

航空运单（Airway Bill）是承运人与托运人之间签订的运输契约，也是承运人或其代理人签发的货物收据，还可作为核收运费的依据和海关查验放行的基本单据。但它不是代表航空公司的提货通知单。在航空运单的"收货人"栏内，必须详细填写收货人的全称和地址，而不能做成指示性抬头。

（二）航空运单的性质、用途与分类

1. 航空运单的性质

航空运单是发货人与航空承运人之间的运输合同，是承运人签发的已接收货物的证明，是承运人据以核收运费的账单，是报关单证之一。同时它可作为保险证书，还是承运人内部业务的依据。

2. 航空运单的用途

航空运单正本一式三份，其用途如下：第一份（蓝色）交发货人作为承运人或其代理人接收货物的依据；第二份（绿色）由承运人留存作为记账凭证；第三份（粉红色）随货同行货物到达目的地，交付收货人，作为核收货物的依据。

航空运单与海运提单类似，也有正面、背面条款之分，不同的航空公司有自己独特的航空运单格式，但各航空公司所使用的航空运单大多借鉴 IATA（International Air Transport Association，国际航空运输协会）所推荐的标准格式，也称中性运单。其样本见图 5-2-4。

国际航空运单

Shipper's Name and Address		NOT NEGOTIABLE AIRWAY BILL ISSUED BY
Consignee's Name and Address		It is agreed that the goods described herein are accepted in apparent good order and condition (except as noted) for carriage SUBJECT TO THE CONDITIONS OF CONTRACT ON THE REVERSE HEREOF, ALL GOODS MAY BE CARRIED BY ANY OTHER MEANS. INCLUDING ROAD OR ANY OTHER CARRIER UNLESS SPECIFIC CONTRARY INSTRUCTIONS ARE GIVEN HEREON BY THE SHIPPER. THE SHIPPER'S ATTENTION IS DRAWN TO THE NOTICE CONCERNING CARIER'S LIMITATION OF LIABILITY. Shipper may increase such limitation of liability by declaring a higher value of carriage and paying a supplemental charge if required.
Issuing Carrier's Agent Name and City		
Agents IATA Code	Account No.	

图 5-2-4　国际航空运单

Airport of Departure（Add. of First Carrier） and Requested Routing			Accounting Information		
To		By	Currency USD	Declared Value for Carriage	Declared Value for Customs
Airport of Destination	Flight/Date	Amount of Insurance	INSURANCE-If carrier offers insurance and such insurance is requested in accordance with the conditions thereof indicate amount to be insured in figures in box marked "Amount of Insurance".		

Handling Information
"NOTIFY PARTY-SAME AS CONSIGNEE"

No. of Pieces	Gross Weight	Rate Class	Chargeable Weight	Rate/Charge	Total	Nature and Quantity of Goods

Prepaid Weight Charge Collect	
Valuation Charge	Other Charges
Tax	
Total Other Charges Due Agent	Shipper certifies that the particulars on the face hereof are correct and that insofar as any part of the consignment contains dangerous goods, such part is properly described by name and is in proper condition for carriage by air according to the applicable Dangerous Goods Regulations. —————————— Signature of Shipper or his Agent
Total Other Charges Due Carrier	

Total Prepaid	Total Collect	JUN. 10, 2016 QINGDAO KEWQAO Executed on_____ at_____ Signature of issuing
Currency Conversion Rates	CC Charges in des. Currency	Carrier or as Agent
For Carrier's Use Only at Destination	Charges at Destination	Total Collect Charges

			Airway Bill Number

图 5-2-4　国际航空运单（续）

 **即问即答**

航空运单的性质与海运提单有何不同？

参考答案

四、了解国际多式联运

（一）国际多式联运的含义

国际多式联运是指按照国际多式联运合同，以至少两种不同的运输方式将货物从一国境内接管货物的地点运至另一国境内指定交付货物的地点。

（二）国际多式联运单据

国际多式联运单据（Multimodal Transport Document，MTD）是指证明多式联运合同以及证明多式联运经营人接管货物并负责按照合同条款交付货物的单证。

国际多式联运单由承运人或其代理人签发，既是货物收据也是运输契约的证明。在单据做成指示抬头或不记名抬头时，可作为物权凭证，经背书可以转让。

国际多式联运单表面上和联运提单相仿，但联运提单承运人只对自己执行的一段负责，而多式联运承运人对全程负责；联运提单由船公司签发，包括海洋运输在内的全程运输，多式联运单据由多式联运承运人签发，也包括全程运输，但可以不包含海洋运输。

 即问即答

国际多式联运单据是如何转让的？

参考答案

目前实际业务中多使用国际多式联运提单，其样本见图5-2-5。

国际多式联运提单

Shipper	B/L NO.
Consignee	**≡PIL**
Notify Party	**PACIFIC INTERNATION LINES（PTE）LTD** （Incorporated in Singapore） **COMBINED TRANSPORT BILL OF LADING** Received in apparent good order and condition except as otherwise noted the total number of container or other packages or units enumerated below for transportation from the place of receipt to the place of delivery subject to the terms hereof. One of the signed Bills of Lading must be surrendered duly endorsed in exchange for the Goods or delivery order. On presentation of this document (duly) Endorsed to the Carrier by or on behalf of the Holder, the rights and liabilities arising in accordance with the terms hereof shall (without prejudice to any rule of common law or statute rendering them binding on the Merchant) become binding in all respects between the Carrier and the Holder as though the contract evidenced hereby had been made between them. **SEE TERMS ON ORIGINAL B/L**

Vessel and Voyage Number	Port of Loading	Port of Discharge
Place of Receipt	Place of Delivery	Number of Original Bs/L

PARTICULARS AS DECLARED BY SHIPPER – CARRIER NOT RESPONSIBLE

Container Nos/Seal Nos. Marks and/Numbers	No. of Container / Packages / Description of Goods	Gross Weight (Kilos)	Measurement (Cu.metres)

Freight & Charges	Number of Containers/Packages (in Words)
	Shipped on Board Date:
	Place and Date of Issue:
	In Witness Where of this number of Original Bills of Lading stated Above all of the tenor and date one of which being accomplished the others to stand void. for PACIFIC INTERNATIONAL LINES (PTE) LTD as Carrier

图 5-2-5 国际多式联运提单

加油站

国际多式联运单据的转让与不可转让

国际多式联运单据分为可转让和不可转让。

根据《联合国国际货物多式联运公约》的要求，作为可转让的国际多式联运单据，具有流通性，可以像提单那样在国际货物交易中扮演重要角色。

作为不可转让的国际多式联运单据，则没有流通性。国际多式联运经营人凭单据上记载的收货人而向其交货。

对于国际多式联运单据的可转让性，我国的《国际多式联运管理规则》也有规定。根据该规则，国际多式联运单据的转让依照下列规定执行：

1）记名单据，不得转让。

2）指示单据，经过记名背书或者空白背书转让。

3）不记名单据，无须背书，即可转让。

任务训练

一、单项选择题

1. 关于海运提单和航空货运单，下列表述正确的是（　　）。

   A. 均为物权凭证

   B. 均为可转让的物权凭证

   C. 前者做物权凭证，后者不可转让，不做物权凭证，但《海牙议定书》允许填发可以流通的航空货运单

   D. 前者不做物权凭证，后者做物权凭证

在线测试及参考答案

2. 关于国际多式联运单据，下列表述正确的是（　　）。

   A. 记名单据需要背书才能转让

   B. 不记名单据可以通过背书转让

   C. 指示单据可以通过背书转让

   D. 指示单据不背书也可以转让

3. 在多式联运中处理货损事故时多采用的是（　　）。

   A. 统一责任制　　　　　　　　B. 网状责任制

   C. 责任限额制　　　　　　　　D. 单一责任制

二、判断题

1. 国际铁路联运中承运人是以本国铁路的名义与发、收货人订立合同的。　　（　　）

2. 国际多式联运就是指海、陆、空三种形式的联合运输。　　　　　　　　（　　）

3. 内地对香港的铁路运输既不同于国内运输，也不同于国际联运，它是采取"租车方式、两票运输、三段计费、货物承运收据结汇"的一种特殊的运输方式。　　（　　）

三、案例分析题

2009 年，某裘皮进出口公司（卖方）与德国一家公司在交易会上订立裘皮服装买卖合同，价值 20 万美元，贸易术语为 CIF FRANKFORT（法兰克福）。运输方式为空运，起运地为北京，目的地为法兰克福，支付方式为 100%不可撤销跟单信用证。

合同订立后，买方按时开来了信用证，开证行为德国一家银行，通知行和议付行为国内某银行。国内卖方接证后，按合同规定发运了货物，将信用证要求的各种单据提交给国内银行，并办理了议付手续。不料，国内银行将相关索汇单据寄交德国开证行后第 7 天即收到开证行的拒付通知，理由是单证不符。卖方马上与货物承运人某国际航空公司联系，被告知货物早已被空运单上写明的收货人（实际上就是买方）提走。再与买方联系，却杳无音信。后经查证，该买方公司经理以不同公司名义，用同样手段已从国内数家企业手中"提货"，价值近百万美元。在这种情况下，卖方再与国内通知行接洽，一致认为，根据国际商会 UCP 600 的规定，开证行所谓单证不符的说法是不能成立的。但经多次与开证行联系，该银行均以同样理由推脱。后经调查得知，该开证行为一家金融公司所办，实力薄弱。三个月后，国内银行以单证不符，遭开证行拒付为由，收回议付款，并加收利息，卖方陷入货款两空的境地。

问：卖方陷入被动境地的原因是什么？我们从中可以吸取哪些教训？

项目六

探知保险环节单证基础

项目目标

◇ **知识目标**

1）掌握国际货物运输保险险别。
2）掌握投保流程和保险单据。

◇ **能力目标**

1）能辨析国际货物运输保险险别。
2）能辨析保险单据。
3）能画出投保流程图。

项目导读

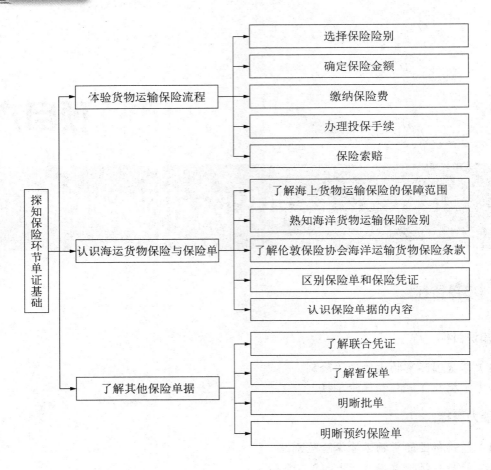

任务一 体验货物运输保险流程

情境导入

王海伦明确了海上货物运输保险保障的范围后，又认识了国际货物运输保险险别，但是对于具体的投保流程还不熟悉。

◎ 回音壁

货物运输保险的主要流程是选择保险险别、确定保险金额、缴纳保险费、办理投保手续、保险索赔。下面,我们和王海伦一起来体验投保的流程。

一、选择保险险别

不同的保险险别所承保的责任不同。我国的《海洋运输货物保险条款》中,一切险责任范围最大,水渍险责任范围次之,平安险责任范围最小。此外还可以加保各种附加险扩大承保责任。相应地,保险人收取的保险费也各不相同。一切险费率最高,水渍险费率次之,平安险费率最低。因此,投保人在选择险别时,应考虑以下因素。

(一)货物的性质和特点

不同种类的货物,由于其性质和特点不同,在运输时即使遭遇同一种风险事故,所致的损失后果往往也不相同。因此,投保人在投保时应根据货物的性质和特点选择适当的险别。通常,价值较低的商品只需投保平安险;价值较高的商品则可以投保一切险或是水渍险加保偷窃提货不着险;易蒸发、挥发的商品可在主险的基础上加保短量险;玻璃制品等易碎商品可在主险的基础上加保碰损破碎险;纺织服装类的商品可在主险的基础上加保淡水雨淋险和混杂、玷污险,等等。

 即问即答

在海运途中,船舶遇到恶劣气候,船舱内通风设施关闭,舱内潮湿且温度升高致使货舱中运输的大米发生霉烂损失。该批货物应投保何种险别才会获得保险公司的赔偿?

参考答案

(二)货物的包装

货物的包装方式不同,在运输途中可能遭遇的风险也不同。如果是散装运输,容易在装卸时发生短量和混杂;如果是袋装运输,则有可能因装卸过程中使用吊钩或手钩钩破外包装而使货物撒漏出来,也有可能在搬运时出现外包装破裂等现象;如果是裸装运输,容易因碰撞或挤擦而出现表面损坏、凹瘪等情况,零件也容易遭受偷窃损失;如果采用集装箱运输,箱中的货物在运输中遭遇风险损失的可能性相对较少。但如果集装箱本身不干净,可能会使茶叶、烟叶等货物因玷污、串味而受损,箱内货物也可能因堆放不妥而在运输途中出现碰撞或混杂等损失。

即问即答

> "昌隆"号货轮满载货物驶离上海港。开航后不久，由于空气温度过高，导致老化的电线短路引发大火，将装在货舱的 1000 条出口毛毯完全烧毁。船到新加坡港卸货时发现，装在同一货舱中的烟草和茶叶由于毛毯燃烧散发出的焦糊味而不同程度受到串味损失。其中由于烟草包装较好，串味不是非常严重，经过特殊加工处理，仍保持了烟草的特性，但是已大打折扣，售价下跌三成。而茶叶完全失去了其特有的芳香，不能当作茶叶出售了，只能按廉价的填充物处理。如何来判断这些损失？

参考答案

（三）运输工具、运输路线、运输季节和港口

载货船舶因船龄、船级及船上设备的不同，货物受损的可能性也不相同。一般而言，船龄越小，船的等级越高，其安全性能越好，货物在运输途中遭受各种风险时可能发生的损失越少。反之，货物损失的可能性大，选择险别时应考虑得全面些。

运输路线长，船舶在海上航行时间也相应增加，货物可能遭遇的风险就比较大。反之，运输路线短，货物可能遭遇的风险就小。例如，一批金属制品从中国运到新加坡，若没有被淡水或海水直接浸湿，在途中生锈的可能性很小。但如果目的地为美国东海岸，在运输途中可能因为种种原因（如海上空气中盐分的腐蚀）而生锈。另外，航行经过的区域的气候状况、地理位置及政治形势等也对货物的安全运输产生影响。例如，船舶经过的区域气候炎热潮湿，谷类货物很可能受潮受热而发霉变质；经过的区域如果有海盗出没，货物可能被海盗掠夺。

运输季节不同，货物可能遭遇的风险也有所不同。例如，夏季运送鲜活易腐货物，非常容易出现霉烂现象。

货物中途停靠的港口及装货港、卸货港的情况各异，在装卸设备、安全设备、管理水平及治安状况等方面均存在差异，也会影响货物在港口装卸及存放时的安全。例如，有些港口管理松懈，货物经常因工人野蛮装卸而致损；有些港口治安情况不好，货物暂放码头期间经常遭受偷窃损失。

对货物保险险别的选择应该全面衡量，既要考虑使货物得到充分保障，又要尽量节约保险费的支出，降低贸易成本。

二、确定保险金额

（一）保险金额

保险金额（Insured Amount）又称投保金额，是指保险人承担赔偿或者给付保险金责任的最高限额，也是保险人计算保险费的基础。投保人在投保货物运输保险时应向保险人申报保险金额。

（二）保险金额的确定

海运保险的保险金额以 CIF 价为基础，并且在这个基础上增加一定的百分率，即所谓的"保险加成"。按国际保险市场的习惯做法，如果合同未做规定，则按最低保险金额投保，即 CIF 价加成 10%。这部分增加的保险金额就是补偿贸易过程中支付的各项费用和预期的利润损失。如果有的贸易利润较高，买方要求按较高的加成比例保险，而保险公司也同意承保，卖方亦可接受。但由此增加的保险费在原则上应由买方承担。保险金额的计算公式为

$$保险金额＝CIF 价×（1＋投保加成率）$$

【例 6-1-1】中国景德镇陶瓷餐具，CIF 价为 250 000 美元，加一成投保。试计算保险金额。

解：

$$\begin{aligned}保险金额&＝CIF 价×（1＋投保加成率）\\&＝250 000×（1＋10\%）\\&＝275 000（美元）\end{aligned}$$

答：保险金额为 275 000 美元。

如果在实际业务中，进口方报的是 CFR 价，却要求出口方代为办理货运保险，或者要求改报 CIF 价，则应把 CFR 价转化为 CIF 价。公式为

$$CIF价＝\frac{CFR价}{1－保险费率×（1＋投保加成率）}$$

三、缴纳保险费

保险费（Insured Premium）是投保人向保险公司缴纳的转移风险的代价，也是保险公司经营保险业务的基本收入和用作经济补偿的保险资金的主要来源。因此，投保人在向保险公司办理了投保手续，并被保险公司接收后，必须交付保险费。保险费的计算公式为

$$\begin{aligned}保险费&＝保险金额×保险费率\\&＝CIF 价格×（1＋投保加成率）×保险费率\end{aligned}$$

【例6-1-2】中国景德镇陶瓷餐具，CIF价为250 000美元，投保一切险加保战争险和罢工险，保险费率分别为0.6%和0.03%，客户要求加一成投保。试计算保险费。

解：

$$保险费＝CIF价格×（1＋投保加成率）×保险费率$$
$$＝250\,000×（1＋10\%）×0.63\%$$
$$＝1732.5（美元）$$

答：保险费为1732.5美元。

四、办理投保手续

（一）出口货物的投保手续

按CIF和CIP价格成交的出口货物，货运保险由卖方办理投保。

按我国保险公司的有关规定，出口货物的投保，一般采取逐笔投保的方式，即每发生一笔出口货运业务，出口方即向保险公司办理一次投保手续。在投保时，出口方向保险公司提出书面申请，在空白投保单上遵循最大诚信原则，据实填写其中的有关项目，如货物名称、数量、保险金额、装货船只名称、航程起讫地点、启运日期、保险险别等，并附有关单据（如信用证、提单等）一并交给保险公司。投保单经保险公司接受后，由保险公司签发保险单。

加油站

最大诚信原则

保险是建立在最大诚信原则的基础之上的契约，保险人对投保人的投保是否接受，按何种费率承保，主要是以投保人所申报的情况为依据来确定的。因此，投保人在办理投保时，应当将有关被保险货物的重要事项向保险人做真实的申报和正确的陈述。如所报情节不实或隐瞒真实情况，保险人有权解除合同或不负赔偿责任。

（二）进口货物的投保手续

按FOB、CFR、FCA、CPT价格成交进口货物，货物的运输保险由国内买方办理投保，投保的方式有两种。

1. 订立预约保险合同

在我国的实际保险业务中，为了简化保险手续，并防止进口货物在国外装运后因信息传送不及时而发生漏保或来不及办理投保等情况，专营进口业务的公司可同保险公司签订海运进口货物运输预约保险合同，并由保险公司签发预约保险单证。明确规定：凡属与该公司海运进口的货物，保险人负有自动承保的责任。同保险公司签有预约保险协议的各进口公司，对每批进口货物无须填制投保单，只需在获悉所投保的货物在国外某港口装运时，将装运情况通知保险人。通知的内容包括装运货物的船名、货物名称和数量、货物价值和保险金额等。由于是预约保险，国内保险公司往往不再出具保险单，仅以上述货运通知书作为投保人投保的依据，代替保险单。如被保险人要求依据预约保险合同分批装运的货物签发保险单证，保险人应当照办。当分批装运分别签发的保险单证内容与预约保险单证的内容不一致时，应以分别签发的保险单证为准。

2. 逐笔办理投保

这种投保的方式，适用于不经常有货物进口的单位。采用这种投保方式时，货主必须在接到国外的发货通知后，立即向保险公司申请办理海运货物保险手续，即填写投保单，并交纳保险费。保险人根据投保单签发保险单。投保单样本见图 6-1-1。

中保财产保险有限公司上海市分公司
The People's Insurance（Property）Company of China，Ltd.，Shanghai Branch
进出口货物运输保险投保单
Application Form for I/E Marine Cargo Insurance

被保险人 Assured's Name			
发票号码（出口用）或合同号码（进口用） Invoice No. Or Contract No.	包装数量 Quantity	保险货物项目 Description of Goods	保险金额 Amount Insured
装载运输工具_____ 航次、航班或车号_____ 开行日期_____ Per Conveyance Voy. No. Slg. Date 自_____至_____ 转运地_____ 赔款地_____ From To W/T at Claim Payable at 承保险别： Condition & / or Special Coverage			
	投保人签章及公司名称、地址、电话： Applicant's Signature and Co. 's Name, Add. & Tel. No.:		
备注： Remarks	投保日期： Date		
保险公司填写： 保单号： 费率： 核保人：			

图 6-1-1 投保单

五、保险索赔

（一）保险索赔

保险索赔（Insurance Claim）是指当被保险货物遭受承保范围内的损失时，被保险人依据保险合同向保险人要求赔偿的行为。保险人受理投保人的索赔要求称为保险理赔。

（二）索赔原则

1. 可保利益原则

根据保险的基本原则，被保险人必须对保险标的物拥有可保利益，才能向保险人投保。所谓可保利益，即保险货物遭受保险损失，被保险人只有因此遭受经济损失，才能向保险人索赔。反映在货运保险上，即被保险人应拥有运输货物的所有权。但是由于进出口贸易的特点，在 FOB、CFR、FCA、CPT 等价格条件下，买方在货物装上运输工具前并不拥有该货物的所有权，但他必须在此时投保，以便风险转移给保险公司。这种投保保险公司是可以接受的。

2. 近因原则

近因是指导致保险事故发生的最直接、最主要的原因。如果造成损失的原因只有一个，该原因就是近因。但很多情况下，保险货物的损害由两个或两个以上的原因所致，此时必须从整个事件中找出损害的近因，以判断保险人是否应对该损失负责。

近因原则是指当导致保险货物损失的近因属于保险人承保的风险范围时，保险人对损失负责赔偿；反之，对近因不是保险人承保风险造成的损失，保险人不负责任。

 即问即答

一艘海轮装载 3000 袋咖啡，投保一切险，未保战争险。当时正值战争期间，船舶因意外突然触礁，船长下令施救，1000 袋咖啡被救上岸，但被敌方捕获，剩下的 2000 袋咖啡由于时间不够而无法及时抢救，和船舶一起沉没。试分析该案例保险人如何进行理赔。

参考答案

（三）索赔程序

保险索赔是被保险人的权利，但同时被保险人必须履行一系列义务以维护自身利益。索赔程序如下：

1. 发出损失通知

当被保险人获悉或发现保险货物已遭损失时，应立即向保险公司发出损失通知，并申请检验。保险公司或指定的检验、理赔代理人在接到损失通知后应立即采取相应的措施，如检验损失、提出施救措施、核实损失原因、确定保险责任和签发检验报告（被保险人向保险公司申请索赔时的重要证据）等。

2. 索取货损货差证明

被保险人或其代理人在提货时发现被保险货物整件短少或有明显残损痕迹，除向保险公司报损外，还应立即向承运人或有关管理部门（如海关、港务管理部门等）索取货损货差证明。货损货差涉及承运人、码头、装卸公司等方面责任的，还应及时以书面形式向有关责任方提出索赔，并保留追偿权利，有时还要申请延长索赔时效。

3. 采取合理的施救措施

被保险货物受损后，被保险人应迅速对受损货物采取必要合理的施救措施，防止损失的扩大。因抢救、阻止或减少货损的措施而支付的合理费用，可由保险公司负责，但以不超过该批货物的保险金额为限。

4. 提交索赔凭证

被保险人向保险人提出索赔时，应向保险人提交有关单证。这些单证通常包括保险单或保险凭证正本、运输单据、发票、装箱单、检验报告、向第三责任方追偿的有关文件、货损和货差证明、海事报告摘录或海事声明、索赔清单等。

 加油站

代位追偿权

代位追偿权是指在保险业务中，为了防止被保险人双重获益，保险人在履行全损赔偿或部分损失赔偿后，取代被保险人向第三者责任方索赔的权利。其具体做法是被保险人在获得赔偿的同时签署一份权益转让书，作为保险人取得代位权的证明，保险人便可凭此向第三者责任方进行追偿。

（四）索赔时效

根据国际保险业的惯例，保险索赔或诉讼的时效为自货物在最后卸离运输工具时起算，最多不超过两年。被保险人应在索赔时效内提出索赔或诉讼。

任务训练

一、单项选择题

1. 在一笔出口业务中，我方以 CIF 条件成交，若合同中没有规定投保加几成，按国际惯例，投保金额通常在 CIF 总值的基础上（　　）。

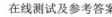
在线测试及参考答案

  A．加一成

  B．加二成

  C．加三成

  D．加四成

2. 战争险、罢工险保障的是（　　）。

  A．自然灾害

  B．意外事故

  C．一般外来风险

  D．特殊外来风险

3. 某批出口货物投保了水渍险，在运输过程中由于雨淋致使货物遭受部分损失，对于这样的损失保险公司将（　　）。

  A．负责赔偿整批货物

  B．负责赔偿被雨淋湿的部分

  C．不予以赔偿

  D．酌情赔偿被雨淋湿的部分

二、判断题

1. 我方出口一批玻璃器皿，为防止其在运输途中破碎，在投保一切险的基础上还应加保碰损破碎险。（　　）

2. 海上保险业务中的意外事故，仅局限于发生在海上的意外事故。（　　）

3. 我方以 CIF 香港价成交水泥 1500 包，装船时落水 5 包，我方虽已办理保险，但因货物尚未装上船，故保险公司不负责赔偿。（　　）

三、案例分析题

我方以 CFR 贸易术语出口货物一批，在出口公司仓库到码头待运的过程中，货物发生损失，应由哪一方负责？如对方已向保险公司办理了保险，可否通过对方向保险公司索赔？并说明理由。

任务二　认识海运货物保险与保险单

情境导入

王海伦接到一笔业务：美国 XYZ 公司向华生公司订购一批中国景德镇陶瓷餐具，共5000 套，价值 25 万美元，采用 CIF 术语。考虑到海上货物运输路程远、风险大、货物是易碎品，可能给公司带来损失，王海伦需要选择一种最适合这笔业务的保险险别，将风险转嫁出去。但是他不清楚货物在海洋运输途中会发生什么风险，这些风险会导致哪些损失、产生何种费用，投保哪一种运输保险险种才会把损失降到最低。

◎ 回音壁

了解海上货物运输保险的保障范围包括风险、损失和费用，理解风险、损失和费用的含义以及分类。下面，让我们一起来学习海运保险和保险单的相关知识。

一、了解海上货物运输保险的保障范围

（一）风险

货物在海运途中可能遭遇的风险种类繁多，但保险人并不是对所有的风险都给予承保。一般来说，海运货物所保障的风险可分为海上风险和外来风险两大类。

1. 海上风险

海上风险（Perils of Sea）也称海难，是指海上航行中发生的或随附海上运输所发生的风险。海上风险可分为自然灾害和意外事故。

（1）自然灾害

自然灾害（Natural Calamities）是指人力难以抗拒的自然界破坏力量所造成的灾害。在海运保险中并非所有的自然灾害都属可保范围。自然灾害主要包括恶劣气候、雷电、海啸、火灾（图 6-2-1）、地震（图 6-2-2）和洪水等。

（2）意外事故

意外事故（Accident）是指由于外来的、偶然的、非意料中的原因所造成的事故。它主要包括运输工具所遭受的搁浅、触礁、沉没、互撞、与流冰或其他物体碰撞以及失火、爆炸等。

图 6-2-1　火灾

图 6-2-2　地震

2. 外来风险

外来风险（Extraneous Risks）是指海上风险以外的其他意外的、难以预料的、不是必然发生的外来原因造成的风险。

 即问即答

1）商品的自然损耗是不是外来风险？
2）货物的内在特性造成的腐败变质是不是外来风险？

参考答案

外来风险可分为一般外来风险和特殊外来风险两种情况。

（1）一般外来风险

一般外来风险是指被保险货物在运输途中由于偷窃、短量、提货不着、淡水雨淋、玷污、渗漏、破碎、串味、受热受潮、钩损、生锈等外来原因引起的风险。

（2）特殊外来风险

特殊外来风险是指运输过程中由于军事、政治、国家政策法令及行政措施等外来原因引起的风险。它主要包括交货不到、进口关税、黄曲霉素、舱面货物损失、拒收、出口货物到香港（包括九龙在内）或澳门存仓着火、战争、罢工等。

（二）损失

按照损失的不同程度，可分为全部损失和部分损失两大类。

1. 全部损失

全部损失（Total Loss）简称全损，是指整批或不可分割的一批货物全部灭失或可视同全部灭失的损害。

全部损失可进一步分为实际全损和推定全损。

（1）实际全损

实际全损（Actual Total Loss）也称绝对全损。构成实际全损一般有以下几种情况。

1）保标的灭失。例如，保险货物被大火焚烧，全部烧成灰烬。

2）保险标的受损严重，已完全丧失原有的商业价值或使用价值。例如，水泥被海水浸湿后结成硬块而失去原有的属性和用途。

3）保险标的的所有权丧失已无法挽回。例如，战争时期，货物被敌对国捕获并作为战利品分发。

4）船舶失踪。例如，货物随同船舶失踪达六个月以上。

保险标的发生实际全损时，被保险人可向保险人请求全损赔偿。

（2）推定全损

推定全损（Constructive Total Loss）是指货物发生保险事故后，认为实际全损已经不可避免，或者为避免发生实际全损所需支付的费用与继续将货物运抵目的地的费用之和超过保险价值的损失。

发生推定全损时，被保险人有权选择按照保险标的的实际损失索赔部分损失，也可以选择索赔全部损失。

 加油站

委　付

委付（Abandonment）是指在推定全损的情况下，被保险人将保险标的的一切权利包括所有权转让给保险人，而要求保险人按全部损失的金额予以赔偿。被保险人发出委付通知后，保险人可以接受，也可以不接受。保险人如果接受委付，在按全损赔付后，取得对被委付保险标的的全部权利和义务，即使保险人因此得到的收益大于保险赔款额，仍然也全归保险人所有，不用返还被保险人。委付可以是口头的，也可以是书面的。在委付时，被保险人应注意必须无条件地将全部保险货物委付给保险人，而不能只委付其中一部分，也不能在委付时附带任何条件。

 **即问即答**

有一批出口纺织品在海上运输途中，因船体触礁导致严重受浸，如果将这批货物漂洗后再运至原定目的港所花费的费用已超过货物的保险价值，这批纺织品应属于什么损失？

参考答案

2. 部分损失

部分损失（Partial Loss）即保险标的的损失没有达到全部损失的程度。按照损失的性质，部分损失可分为共同海损和单独海损。

（1）共同海损

共同海损（General Average）是指载货的船舶在海运途中遭受风险，船长为解除船与货的共同危险或为使航程得以继续，有意而合理地采取措施所造成的特殊牺牲或是支付的特殊费用。

共同海损的牺牲和费用支出的目的是使船舶、货物和运费三方免于遭受全部损失。因此，共同海损的牺牲和支出的费用应按最后获救价值的比例，由受益方分摊。

 即问即答

> 船舶在航行时遭遇暴风雨，船体严重倾斜。船长下令将舱面上一侧的货物抛弃，最终使船舶保持平衡。被抛弃的货物是否属于共同海损？

参考答案

（2）单独海损

单独海损（Particular Average）是指由保险风险直接造成的保险货物的部分损失。

 即问即答

> 有一艘海轮，其舱面上载有 1000 辆汽车。航行途中遇到恶劣气候，海浪将其中的 480 辆卷入海中，致使海轮在巨浪中出现严重倾斜。船长在危急关头，下令将其余的 520 辆全部抛入海中。前 480 辆汽车和后 520 辆汽车各属于什么损失？

参考答案

二、熟知海洋货物运输保险险别

（一）基本险

基本险又称主险，是可以单独投保的险别。被保险人必须投保基本险，才能获得保险保障。

基本险主要包括平安险、水渍险和一切险三种。它们的责任范围分别如下：

1. 平安险

在三个主险中，平安险（Free from Particular Average，FPA）的责任范围最小，主要承保自然灾害造成的全部损失及意外事故造成的全部损失和部分损失。

 即问即答

某货轮航行途中不慎发生触礁事故，船舶搁浅。出事后船方反复开倒车强行浮起，但船底划破，致使海水渗入货舱，造成船货部分损失。为使货轮能继续航行，船长发出求救信号，船被拖至就近港口的船坞修理，暂时卸下大部分货物。前后花了10天，共支出修理费5000美元，增加各项费用支出（包括员工工资）共3000美元，船修复后继续装上原货起航。次日，又遇恶劣气候，船上装载的某货主的一部分货物被海水浸湿。

1）以上所述的各项损失分别属于什么性质的损失？

2）在投保了平安险的情况下，被保险人有权向保险公司提出哪些赔偿要求？为什么？

参考答案

2. 水渍险

水渍险（With Particular Average /With Average，W.P.A./W.A.）的责任范围比平安险大，它除了包括平安险的全部责任外，还承保被保险货物由于自然灾害所造成的部分损失，即水渍险对因自然灾害或意外事故造成的损失，不论是全部损失或部分损失，均负责赔偿。

3. 一切险

一切险（All Risks）除承保平安险和水渍险的全部责任外，还承保货物在运输途中由于一般外来风险所致的全部损失或部分损失。实际上，一切险的责任范围是平安险、水渍险和11种一般附加险责任范围的综合，但一切险不负责由于特殊外来风险所造成的损失。

（二）附加险

附加险是基本险的扩展，它不能单独投保，而必须在投保基本险的基础上加保，它承保的是外来风险引起的损失。按承保风险的不同，附加险可分为一般附加险、特别附加险以及特殊附加险。

1. 一般附加险

一般附加险（General Addition Risks）与一般外来风险相对应，具体包括偷窃、提货不着险，淡水雨淋险，短量险，混杂、玷污险，渗漏险，碰损、破碎险，串味险，受潮受热险，钩损险，包装破裂险，锈损险等。由于一般附加险已包括在一切险中，所以若已投保一切险，则无须投保一般附加险。

2. 特殊附加险

特殊附加险（Specific Additional Risks）的险别主要有以下几种：交货不到险、进口关税险、舱面险、拒收险、黄曲霉素险、出口货物到香港（包括九龙）或澳门存仓火险责任扩展条款以及战争险和罢工险。

战争险对敌对行为使用原子或热核武器所致的损失和费用不负责任；对根据执政者、当权者或其他武装集团的扣押、拘留引起的承保航程的丧失和损失不负责任。

罢工险承保罢工行为所致的被保险货物的直接物质损失。如果因罢工造成劳动力不足或无法使用劳动力，而使货物无法正常运输、装卸以致损失的属于间接损失，保险人不予负责。

如货物运输已经投保战争险，加保罢工险一般无须加缴保险费。

 即问即答

> 　　我方出口冷冻食品一批，投保一切险加保战争险和罢工险。货到目的港恰逢码头工人罢工，货物因港口无法作业不能卸载。几天后货轮因无法补充燃料，以致冷冻设备停机。等到罢工结束，食品已经变质。保险公司是否负责赔偿？为什么？

参考答案

（三）除外责任

除外责任是保险公司明确规定不予承保的损失和费用，用以进一步明确保险人的责任范围。

除外责任一般包括以下几种：被保险人的故意行为或过失造成的损失；属于发货人责任引起的损失；在保险责任开始前，被保险货物已经存在的品质不良或数量短差所造成的损失；被保险货物的自然损耗、本质缺陷或特性以及市场跌落、运输延迟所引起的损失或费用；海洋货物运输战争险条款及罢工险条款规定的责任范围和除外责任。

（四）责任起讫

保险责任起讫即保险人对运输货物承担保险责任的责任期限。保险人仅对发生在保险期限内的货物损失负责。海运货物保险的责任期限以运输过程为限，在保险中通常被称为"仓至仓"条款（Warehouse to Warehouse Clause）。

按条款规定：货物保险的效力自被保险货物运离保险单所载明的起运地仓库或储存处所开始运输时生效，包括正常运输过程中的海上、陆上、内河和驳船运输在内，直至该项货物到达保险单所载明目的地收货人的最后仓库或储存处所或被保险人用作分配、分派或非正常运输的其他储存处所为止。如未抵达上述仓库或储存处所，则以被保险货物在最后卸载港全部卸离海轮后满 60 天为止。如在上述 60 天内被保险货物需转到非保单所载明的目的地，则在该项货物开始转运时，保险责任终止。

海运货物战争险的责任起讫与主险的责任起讫有所不同，它以"水上责任"为限，即自被保险货物装上保险单所载起运港的海轮或驳船时开始，到卸离保险单所载目的港海轮或驳船为止。但如果到目的地后货物未卸船，则最长期限为海轮到达目的地当日午夜起算满 15 天。

罢工险的责任起讫和海运货物主险的责任起讫相同，都以"仓至仓"条款为依据，保险人负责货物从卖方仓库起运到存入买方仓库为止的整个运输过程的风险。

（五）索赔时效

我国《海洋货物运输保险条款》规定，海运货物保险的索赔时效为两年，自被保险货物全部卸离海轮起算。一旦过了索赔时效，被保险人就丧失了向保险人请求赔偿的权利。

三、了解伦敦保险协会海洋运输货物保险条款

（一）伦敦保险协会海洋运输货物保险条款

在国际贸易保险实践中，英国伦敦保险协会制定的"协会货物险条款（Institute Cargo Clauses，ICC）"有着广泛影响。伦敦保险协会将保险险别划分为以下六种。

1. ICC（A）险

ICC（A）险类似我国的一切险，采用"一切风险减除外责任"的规定方法，即除了除外责任外，其余风险损失均予负责。该险包括恶意损害险的承保范围。

2. ICC（B）险

ICC（B）险类似我国的水渍险，采用承保"除外责任"之外列明风险的办法，既列明所有承保范围又列明除外责任。

3．ICC（C）险

ICC（C）险类似我国的平安险，仅承保"重大意外事故"的风险。

4．协会战争险条款

协会战争险条款（货物）是英国伦敦保险协会新修订的货物运输保险条款中的战争险条款，于 1983 年 4 月 1 日起在伦敦保险市场上使用。该条款由八个部分组成，共十四条，具有完整的结构体系，故可以单独投保。

5．协会罢工险条款

协会罢工险承保下列原因造成的保险标的的损失或损害：罢工者、被迫停工工人，或参与工潮、暴动或民变的人员，恐怖分子或出于政治动机而行为的人员。

6．恶意损害险条款

恶意损害险主要承保除被保险人以外的其他人的故意损害、故意破坏、恶意行为所致保险标的的损失或损害。如果恶意行为出于政治动机，则不属于本条款的承保范围，但可以在罢工险条款中得到保障。

协会货物险条款中只有恶意损害险不可以单独投保，协会战争险和协会罢工险在必要的情况下可以单独投保。

协会货物险条款的保险期限与我国海运货物保险条款的规定大体相同，也适用"仓至仓"条款；协会战争险的保险期限也以"水上责任"为限。

凡由我国保险公司承保的货物或船舶，一般采用中国人民保险公司的保险条款。但有时也接受国外客户或者国外开来的信用证要求使用的伦敦保险协会的"协会货物条款"。特别是 CIF 出口合同，如果外商提出按"协会货物条款"投保，我方一般可以接受。

四、区别保险单和保险凭证

（一）保险单

保险单（Insurance Policy）俗称大保单或正式保险单，是投保人与保险人之间所订立的保险合同的正规的书面凭证。保险单的正面印制了海上保险所需的基本事项，包括被保险人和保险人名称，保险标的名称、数量、包装，保险金额、保险费率和保险费，运输工具开航日期、装运港和目的港，承保险别，理赔人或代理人名称，赔款偿付地点，合同签订日期等。保险单的背面则列明了保险条款，规定保险人与被保险人的各项权利和义务、保险责任范围、除外责任、责任起讫、损失处理、索赔理赔、保险争议处理、时效条款等各项内容。

（二）保险凭证

保险凭证（Insurance Certificate）俗称小保单，是一种简化的保险单。其正面所列内容和保险单相同，但是背面未载明保险条款，仅在正面申明以保险单所载条款为准。保险凭证具有和保险单同样的法律效力。

五、认识保险单据的内容

保险单样本见图 6-2-3。

保险单

中保财产保险有限公司
The People's Insurance (Property) Company of China, Ltd.

| 发票号码
Invoice No. | 保险单号次
Policy No. |

海洋货物运输保险单
MARINE CARGO TRANSPORTATION INSURANCE POLICY

被保险人：
Insured: _____

中保财产保险有限公司（以下简称本公司）根据被保险人的要求及其所缴付约定的保险费，按照本保险单承担险别和背面所载条款与下列特别条款承保下列货物运输保险，特签发本保险单。

This policy of Insurance witnesses that the People's Insurance (Property) Company of China, Ltd. (hereinafter called "the Company"), at the request of the Insured and in consideration of the agreed premium paid by the Insured, undertakes to insure the undermentioned goods in transportation subject to the conditions of this Policy as per the Clauses printed overleaf and others special clauses attached hereon.

保险货物项目 Descriptions of Goods	包装 Packing	单位 Unit	数量 Quantity	保险金额 Amount Insured

承保险别　　　　　　　　　　　　货物标记
Conditions　　　　　　　　　　　Marks of Goods
总保险金额：
Total Amount Insured: _____
保费 _____ 装载运输工具　　　　　　　　开航日期
Premium _____ Per conveyance S.S. _____ Slg. on or abt _____
起运港　　　　　　　　　　　目的港
From _____ to _____

所保货物，如发生本保险单项下可能引起索赔的损失或损坏，应立即通知本公司下述代理人查勘。如有索赔，应向本公司提交保险单正本（本保险单共有　　份正本）及有关文件。如一份正本已用于索赔，其余正本则自动失效。

In the event of loss or damage which may result in a claim under this Policy, immediate notice must be given to the Company's Agent as mentioned hereunder. Claims, if any, one of the Original Policy which has been issued in ONE Original(s) together with the relevant documents shall be surrendered to the Company. If one of the Original Policy has been accomplished ,the others to be void.

中保财产保险有限公司
The People's Insurance (Property) Company of China, Ltd.

赔款偿付地点
Claim payable at _____
日期　　　　　　　在
Date _____ at _____
地址：
Address: _____

图 6-2-3　保险单

1）保险公司名称。一般在印制保险单时已在本栏印妥。

2）保险单名称。一般在印制保险单时已在本栏印妥。

3）保险单号次。这是保险公司按出单顺序对每张保险单进行的编号。

4）被保险人名称。被保险人也称"抬头"。

5）发票号码或唛头。应于本套单据发票同项内容相一致。

6）包装及数量。与提单相同，本栏写明包装方式以及包装数量，并填写最大包装的件数。

7）保险货物项目。本栏应填写保险货物的名称，按发票或信用证填写。

8）保险金额。本栏一般按照发票金额加一成（即110%发票金额）填写。

9）保费和费率。保险公司一般在印制保险单时已在本栏印妥"as arranged（按约定）"，无须填制。

10）装载运输工具。本栏填写装载船的船名。

11）开航日期。本栏一般填写提单装运日期，或填写"as per B/L"。

12）运输起讫地。本栏填写货物实际装运的启运港口和目的港口名称。

13）承保险别。本栏一般应包括具体投保险别、保险责任起讫时间、适用保险条款的文本及日期。

14）保险公司在目的地的检验、理赔代理人名称及详细地址、电话号码等资料。

15）赔款偿付地点。一般将目的地名称填入本栏。

16）保险单签发日期。时间不得晚于提单运输单据签发日。签发地为受益人所在地，通常已事先印在保险单上。

17）保险公司代表签名。保险单经保险公司签章后才有效，其签章一般已事先印制在保险单的右下方，然后授权人签名即可。

 加油站

保险单的转让

保险单是被保险人和保险人之间订立保险合同的书面证明。保险单的转让，主要是指保险单权利的转让，也就是被保险人把保险合同所赋予的损害索赔权及相应的诉讼权转让给受让人。保险合同不是保险标的的附属物，因而保险单权利的转让同保险标的的所有权的转让是两种不同的法律行为。买卖双方交接货物，转移所有权，并不能自动转移保险单项下所享有的权利，而必须由被保险人在保险单上以背书表示转让的意思才能产生转让的效力。

任务训练

一、单项选择题

1. 在海洋运输货物保险业务中，共同海损（　　　）。
   A. 是部分损失的一种
   B. 是全部损失的一种
   C. 有时为部分损失，有时为全部损失
   D. 是推定全损

在线测试及参考答案

2. 某外贸公司出口茶叶 5 公吨，在海运途中遭受暴风雨，海水涌入舱内，致使一部分茶叶发霉变质，这种损失属于（　　　）。
   A. 实际全损
   B. 推定全损
   C. 共同海损
   D. 单独海损

3. 船舶搁浅时，为使船舶脱险而雇用拖驳强行脱险所支出的费用，属于（　　　）。
   A. 实际全损
   B. 推定全损
   C. 共同海损
   D. 单独海损

二、判断题

1. 在我国外贸货物运输保险业务中，三种基本险和特殊附加险中的战争险均可适用"仓至仓"条款。（　　　）

2. 偷窃、提货不着险和交货不到险均在一切险的范围内，只要投保一切险，收货人若提不到货，保险公司均应负责赔偿。（　　　）

3. 出口玻璃器皿，因其在运输途中容易破碎，所以在投保一切险的基础上，还应加保碰损破碎险。（　　　）

三、案例分析题

有一批货物投保了平安险，载运该货物的甲海轮在航行中与其他货轮发生碰撞事故，使该货受到部分损失。又有一批货物，载运该批货物的乙海轮，途中遭遇暴风雨的袭击，由于船舶颠簸，货物相互碰撞而发生部分损失。

问：保险公司是否对甲、乙海轮的损失承担赔偿责任？为什么？

任务三 了解其他保险单据

情境导入

王海伦已经熟悉了保险单的格式和内容，也了解了海洋运输货物保险的保障范围及海运货物保险与保险单等相关知识，接下来需要了解一下其他保险单据。

◎ 回音壁

保险单据的种类有很多，让我们一起来了解一下其他保险单据。

一、了解联合凭证

联合凭证（Combined Certificate）也称联合发票，是一种将发票和保险单相结合的特殊保险凭证。它的内容比保险凭证更为简单，具体做法是在卖方的商业发票上加注承保险别、保险金额和理赔地点等，其他项目均以发票所列为准。保险货物如遭受损失，保险人根据承保险别的有关条款进行赔付。联合发票仅适用于我国港澳地区的托收业务、香港部分银行由华商开来的信用证业务和少数新加坡、马来西亚的出口业务。

二、了解暂保单

暂保单（Binder）又称临时保险单，是保险人在出立正式保险单之前签发的临时凭证。它表明保险人已同意给予被保险人保险保障，但由于有些条件尚未确定，例如载货的船名在投保时未知，保险人先行出立暂保单，待投保人获悉船名后告知保险人，由保险人再出立正式的保险单。暂保单不是订立保险合同的必经程序。暂保单具有和保险单同等的效力，但有效期一般不超过 30 天，正式保险单交付后，暂保单自动失效。暂保单也可能在保险单出立之前被取消，但保险人应事先通知投保人。

三、明晰批单

批单（Endorsement）是在保险单出立后，因保险单中所载内容与实际情况不符或信用证不符时，应投保人的要求，保险人签发的变更保险单内容的凭证。其作用在于补充、删除、变更保险单内容。保险单一经批改，以批改后的内容为准，因此批单是保险合同的组成部分，它一般粘贴在原保险单上，并由保险公司加盖骑缝章，作为保险合同的一部分。

四、明晰预约保险单

预约保险单（Open Policy）又称开口保险单，是一种长期性的货物运输保险合同，一般适用于经常有相同类型货物需要陆续分批装运的保险。预约保险没有总保险金额的限制，只要货物属于合同范围，就可自动得到保险保障。投保预约保险，每次货物发运后，投保人都要将货物的名称、数量、价格、包装以及装运港、目的港、运输船舶名称、启运日期等有关内容通知保险人，保险人则按约定承保，并每月按具体出运情况结算保险费。一旦订立预约保险合同，投保人如因故未能在货物出运前及时申报，或投保人的申报内容有误，只要不是出于恶意，即使货物已经发生损失，事后仍可向保险人要求补保或更正，保险人应予负责；与此相对应，凡属预约保险范围内的货物均须投保，如果投保人申报时该批货物已安全到达目的地，仍需缴纳保险费。

 即问即答

其他保险单据有哪些？

参考答案

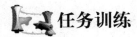 **任务训练**

一、单项选择题

1. 国外来证规定："最迟装运期为 1999 年 9 月 15 日，有效期为 1999 年 9 月 30 日，单据必须在提单日后 15 天提交。"若提单的出单日期为 1999 年 9 月 10 日，则保险单具的出单日期应为（　　　）。

在线测试及参考答案

    A．1999 年 9 月 10 日以前

    B．1999 年 9 月 15 日以前

    C．1999 年 9 月 25 日以前

    D．1999 年 9 月 30 日以前

2. 货物在海洋运输中，由于战争、罢工、交货不到等原因而引起的风险属于（　　　）。

    A．一般海上风险　　　　　　　　B．特别海上风险

    C．一般外来风险　　　　　　　　D．特别外来风险

3. 为了防止运输中的货物被盗，应该投保（　　　）。

    A．平安险　　　　　　　　　　　B．一切险

    C．偷窃提货不着险　　　　　　　D．一切险加偷窃提货不着险别

二、判断题

1．货物运输保险单的转让，无须征得保险人的同意，只经过背书即可。　　（　　）

2．按国际贸易惯例，大保单和小保单具有同等法律效力。　　（　　）

3．在出口业务中，保险单日期不能迟于海运提单日期。　　（　　）

三、案例分析题

我方向海湾某国出口花生糖一批，投保的是一切险，由于货轮陈旧、速度慢，加上该货轮沿途到处揽载，结果航行三个月才到达目的港。卸货后，花生糖因受热时间长已全部潮解软化，无法销售。

问：这种情况保险公司是否负责赔偿？为什么？

项目七

探知货款收付环节单证基础

项目目标

◇ **知识目标**

1）掌握汇票、本票、支票三种支付工具的含义、种类与特点。

2）掌握汇付、托收、信用证三种支付方式的含义、种类与特点。

◇ **能力目标**

1）能辨析汇票、本票、支票三种支付工具。

2）能辨析汇付、托收、信用证三种支付方式。

3）能整理三种支付方式下所需的单据。

项目导读

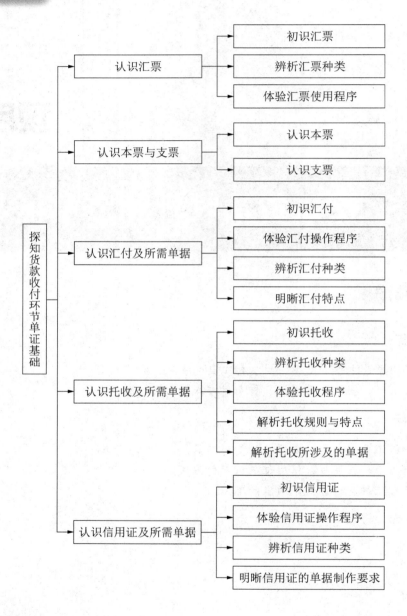

任务一 认识汇票

情境导入

青锋公司向德国 VEDAG 公司出口电动螺丝刀 2000 个。业务员王海伦在洽谈过程中发现，在外贸业务中货款的收付不会通过现金来完成，而是凭借票据的转让、流通来实现。

◎ 回音壁

国际货物买卖中所使用的金融票据主要有三种，分别是汇票、本票与支票。其中最主要的支付工具是汇票。

一、初识汇票

（一）汇票的含义

汇票（Bill of Exchange，Draft or Bill）根据《中华人民共和国票据法》（以下简称《票据法》）第十九条规定："汇票是出票人签发的，委托付款人在见票时或者在指定日期无条件支付确定的金额给收款人或者持票人的票据。"

汇票一般一式两联，两联的法律效力相同。付款人只对其中的一联进行付款或承兑即可。换句话讲，如果汇票其中的一联被付款则另一联就自动作废。这就是汇票上注明的"付一不付二"或"付二不付一"的意思。

（二）汇票的当事人

从汇票的定义中，我们可以找出汇票的三个基本当事人：出票人、付款人和收款人。

1. 出票人

出票人（Drawer）是指签发汇票的人，通常是出口方或银行。

2. 付款人

付款人（Payer or Drawee）又称受票人，通常是进口方或进口方指定的银行。

3. 收款人

收款人（Payee）是指获取汇票规定金额的人，通常是出口方指定的银行。

（三）汇票的必备项目

《票据法》第二十二条规定，汇票必须记载下列事项：

1）表明"汇票"的字样。

2）无条件支付的委托。

3）确定的金额。

4）付款人名称。

5）收款人名称。

6）出票日期。

7）出票人签章。出票人签字是汇票最重要并且绝对不可缺少的内容。签字原则是票据法的最重要和最基本的原则。票据责任的承担以签字为条件，谁签字，谁负责。如果汇票上没有出票人的签章，或签章是伪造的，票据都不能成立。

如果少记载了上述事项中的任何一项，则该汇票无效。

商业汇票的样例见图 7-1-1。

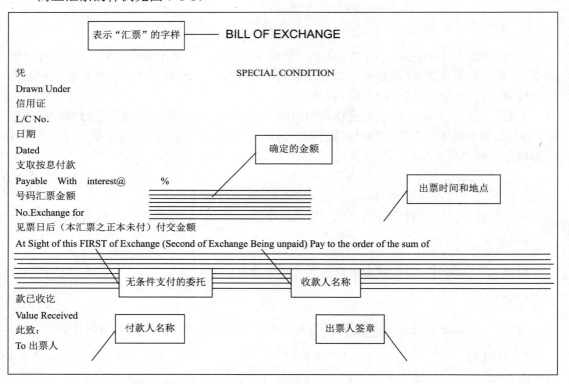

图 7-1-1　商业汇票样例

二、辨析汇票种类

通常，一张汇票会同时具备几种属性。在国际结算中，汇票按不同分类标准，可以归为以下几种类型，见图 7-1-2。

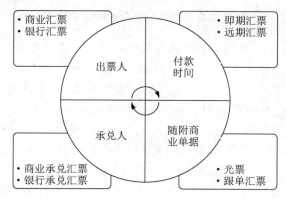

图 7-1-2　汇票的种类

具体内容如下：

1. 按照出票人分类

按照出票人不同，汇票可以分为商业汇票（Commercial Draft）和银行汇票（Banker's Draft）。

（1）商业汇票

商业汇票的出票人通常是出口方，付款人通常是进口方，也可以是银行。在国际结算中，这种汇票使用得最为频繁。

（2）银行汇票

银行汇票的出票人和付款人都是银行。在国际结算中，进口方获得由银行签发的汇票后，将其寄给国外出口方，并由出口方向指定的银行取款。

2. 按照付款时间分类

按照付款时间的不同，汇票可以分为即期汇票（Sight Draft）和远期汇票（Time Draft）。

（1）即期汇票

即期汇票是指汇票上规定的付款人在见到汇票后必须立即付款的汇票，也就是通常所说的"见票即付"。

（2）远期汇票

远期汇票是指汇票上规定的付款人在将来某一日期付款的汇票。远期汇票的具体付款时间按记载方法，各有不同。

加油站

远期汇票具体付款时间的记载方法

在实际外贸业务中，远期汇票付款时间的记载方法主要有以下几种。

1）付款人见票后若干天付款（At …days after sight）。

2）提单日后若干天付款（At …days after date of Bill of Lading）。

3）出票日后若干天付款（At …days after date of draft）。

4）指定一个日期付款。

其中，第一种记载方式使用得较为频繁，第三、四种较为少见。

---

3. 按照承兑人分类

按照承兑人不同，汇票可以分为商业承兑汇票（Commercial Acceptance Bill）和银行承兑汇票（Banker's Acceptance Bill）。

（1）商业承兑汇票

商业承兑汇票是由银行以外的付款人承兑的远期汇票，建立在商业信用基础之上。

（2）银行承兑汇票

银行承兑汇票是由银行承兑的远期汇票，建立在银行信用基础上，具有更强的流通性。

4. 按照有无随附商业单据分类

按照有无随附商业单据，汇票可以分为光票（Clean Draft）和跟单汇票（Documentary Draft）。

（1）光票

光票是指没有随附商业单据的汇票。银行汇票一般为光票。

（2）跟单汇票

跟单汇票是指需要随附商业发票、提单、保险单等商业单据才能付款的汇票。商业汇票一般为跟单汇票，在进出口业务中经常使用。

三、体验汇票使用程序

远期汇票的使用程序见图 7-1-3。

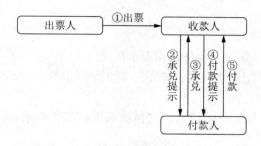

图 7-1-3　远期汇票的使用程序

汇票使用程序的具体内容如下：

（一）出票

出票（To Draw）由三个步骤组成：首先，由出票人将付款人、付款金额、付款日期、收款人等内容填制在已经印制好格式的汇票的空白位置上；其次，出票人在汇票上签字；最后，出票人将汇票交付给收款人。汇票只有经历了交付，才算真正完成了出票这一程序。

 加油站

汇票的抬头

汇票的"收款人"一栏通常被称为"抬头"，主要有以下三种类型。

1）限制性抬头。这一类抬头中，收款人只可以是被指定的该抬头人。例如"仅付 ABC 公司（Pay ABC Co. Only）"，则只有 ABC 公司才有权利收取货款。尽管这种汇票在各种汇票中最具有安全性，但因其流通性差而在贸易中使用较少。

2）指示性抬头。这一类抬头中，收款人可以是该抬头人，也可以由该抬头人根据自己的需要通过背书，将收款的权利自由转让给其他人。例如"仅付 ABC 公司或其指定人（Pay to the order of ABC Co.）"，则 ABC 公司除了可以收取货款外，也可以根据自己的需要，将这张汇票收款的权利通过背书转让给其他人。这种汇票一方面具有一定的流通性，另一方面由于汇票的转让需经原债权人背书而具有一定的安全性，所以在实际中应用最为广泛。

3）来人抬头。这一类抬头中，收款人是任何持有这张汇票的人。例如"付给来人（Pay Bearer）"，《票据法》规定这种抬头的汇票无效。一般在涉外票据中，也不使用这类抬头的汇票。

（二）提示

提示（Presentation）分为提示付款和提示承兑。

1）提示付款是指即期汇票或已到期的远期汇票的持票人向付款人出示汇票要求其付款的行为。

2）提示承兑是指远期汇票的持票人向付款人出示汇票要求其承诺付款的行为。

 加油站

提示的有效期

持票人必须在法定的有效期内对付款人进行提示。根据《票据法》第三十九、四十条和五十三条（2）款规定，即期和见票后定期付款汇票自出票日后一个月；定日付款或出票后定期付款汇票应在到期日前向付款人提示承兑；已经承兑的远期汇票的提示付款期限为自到期日起 10 日内。

（三）承兑

承兑（Acceptance）是指汇票的付款人承诺对远期汇票履行到期付款责任的行为。它的手续是由付款人在汇票正面签上承兑字样、注明承兑日期并签字后交还持票人。如果未写明承兑日期，以付款人自收到提示承兑的汇票之日起的第三天为承兑日期；付款人仅签名而未写"承兑"字样的，也构成承兑。

 即问即答

 即期汇票需要承兑吗？

参考答案

 加油站

承兑的形式

一般来说，承兑有两种形式：普通承兑和保留承兑。普通承兑就是承兑人对出票人的指示表示无条件同意的确认；保留承兑是指承兑人用明确的语句对汇票进行有条件的承兑。

保留承兑有以下五种方式：①有条件承兑（例如，只有在交单后承兑）；②部分承兑（例如，票面金额有 1000 美元，承兑人只承兑 800 美元）；③修改付款期限的承兑（例如，将出票后两个月付款的汇票改为四个月付款）；④限定地点（例如，只能在某银行承兑）；⑤非全部付款人承兑（例如，汇票的付款人有三人，而承兑者只有其中一人）。

（四）付款

使用即期汇票时，付款人见票即付，无须经过承兑手续；使用远期汇票时，付款人在对汇票承兑后，于汇票到期日履行付款（Payment）责任。汇票一经付款，汇票上的一切债权债务关系即告结束。

（五）背书

背书（Endorsement）的目的是转让票据的权利，是由汇票的持票人在汇票背面或粘单上记载有关事项并签名盖章后交给受让人的行为。

限制性抬头或者由出票人明确记载"不可转让"字样的汇票不可以转让；来人抬头的汇票仅凭交付无须背书就可以转让；指示性抬头的汇票可以经过背书不断地转让下去。

经过背书，汇票收款的权利由背书人转给被背书人。在背书手续中，转让人被称为"背书人"，受让人被称为"被背书人"。对于受让人来说，所有之前的背书人（包括原出票人）都是他的"前手"；而对于出让人和出票人来说，在他交付或转让后的所有受让人都叫作"后手"。前手对后手负有担保汇票必然会被承兑或付款的责任。

 学中做

请连线以下三种抬头汇票的转让方式：

指示性抬头	仅凭交付转让
限制性抬头	经背书转让
来人抬头	不可转让

 参考答案

（六）拒付

拒付（Dishonour）是指汇票在提示付款或提示承兑时遭到拒绝，也被称为退票。需要注意的是，对于拒付这一行为，不一定要付款人明确正式的表示不付款或不承兑，《票据法》规定：在付款人或承兑人死亡、逃匿、被依法宣告破产或因违法被责令终止业务活动等情况下，也视为拒付。

（七）追索

追索（Recourse）是指持票人在遭到拒付后，向其前手要求清偿汇票金额及相关费用的行为。持票人在行使追索权时，应将拒付的事实书面告知其前手，并提供拒绝证明或退票理由书。此外，追索权应在法定期限内行使，逾期无效。

加油站

贴现

持票人在转让一张已承兑但尚未到期的远期汇票给受让人时，后者从票面金额中扣除从转让日起到汇票付款日止的利息，将余款付给持票人的行为被称为"贴现"。

任务训练

一、单项选择题

在线测试及参考答案

1．在其他条件相同的前提下，下列远期汇票对受款人最为有利的是（   ）。

    A．出票后 30 天付款

    B．提单签发日后 30 天付款

    C．出票后 30 天付款

    D．货到目的港后 30 天付款

2．以下不属于汇票遭到拒付的是（   ）。

    A．持票人提示汇票要求承兑时，遭到拒绝承兑

    B．持票人提示汇票要求付款时，遭到拒绝付款

    C．汇票出票人在出票时加注"不受追索"字样

    D．付款人逃避不见汇票

3．汇票通过（   ）可以不断转让下去。

    A．贴现   B．背书   C．会签   D．承兑

二、判断题

1. 国际贸易的支付，在采用非现金结算时，使用一定的票据作为支付工具。（　　）

2. 汇票的出票行为包括两个动作，一是将汇票交付给收款人，二是出票人写成汇票并签字。（　　）

3. 一般情况下，汇票一经付款，出票人对汇票责任即告解除。（　　）

三、案例分析题

A 纺织有限责任公司（以下简称 A 公司）与 B 服装有限责任公司（以下简称 B 公司）签订了一份合同。A 公司出售给 B 公司 40 万元的布料。B 公司向 A 公司出具了一张以工商银行某分行为承兑人的银行承兑汇票，该汇票记载事项完全符合《票据法》的要求。A 公司将汇票贴现给建设银行某分行。后建设银行某分行向承兑行工商银行某分行提示付款时遭到拒付。理由是：B 公司来函告知，因布料存在瑕疵，该汇票不能解付，请协助退回汇票。建行某分行认为，该行是因为汇票贴现成为该汇票的善意持有人，购销合同纠纷不影响自己的票据权利，于是起诉于法院，向 A 公司追索权利。

问：银行的看法是否正确？为什么？

任务二　认识本票与支票

情境导入

经过不断学习与实践，王海伦发现，在国际结算中绝大部分情况下首先使用的是商业汇票，其次是银行汇票。但有时也会用到本票或支票进行结算。

◎ **回音壁**

国际货物买卖中涉及的金融票据主要有汇票、本票与支票。它们之间有什么区别呢？

一、认识本票

（一）本票的含义

本票（Promissory Note）根据《票据法》第七十三条规定："本票是出票人签发的，承诺自己在见票时无条件支付确定的金额给收款人或者持票人的票据。本法所称本票，是银行本票。"

（二）本票的必备项目

一张本票是否生效，根据《票据法》规定，要求这张本票具备以下项目：

1）标明其为"本票"字样。

2）无条件支付承诺。

3）出票人签字。

4）出票日期和地点。

5）确定的金额。

6）收款人或其指定人姓名。

若未记载上述规定事项之一的，本票无效。

如果本票上没有记载出票地或付款地，则以出票人的营业场所为该本票的出票地或付款地。

（三）本票的种类

西方票据法将本票按出票人分为一般本票（General Promissory Note）和银行本票（Cashier's Order），按付款时间分为即期本票和远期本票两种。

我国不承认银行以外的企业和个人出具的本票，所以，《票据法》规定自出票日起，付款期限最长不得超过两个月的本票为银行本票。

银行本票的样例见图 7-2-1。

图 7-2-1　银行本票样例

即问即答

阐述图 7-2-1 中的以下主要事项：

1）这张本票的金额是多少？

2）出票人是谁？

3）收款人是谁？

4）出票日期是哪天？

5）出票地点在哪里？

参考答案

二、认识支票

（一）支票的含义

《票据法》将支票（Check）定义为"支票是出票人签发的，委托办理支票存款业务的银行或者其他金融机构在见票时无条件支付确定的金额给收款人或者持票人的票据"。

（二）支票的必备项目

一张支票是否有效，根据《票据法》的规定，它必须包括以下项目：

1）表明支票字样。

2）无条件支付的委托。

3）确定的金额。

4）付款人名称。

5）出票日期。

6）出票人签章。

支票样例见图 7-2-2。

THE HOKUETSU BANK, LTD.　　　　　　　　　　303299

　　　　　　　　　　CHUO-KU,TOKYO　　　DATE:OCT.5,1994　　REF.DD <u>78040839</u>

　　　　　　　　　　　　　　　　　　　　　　　　　　　　　　<u>USD 37 000.00</u>

PAY AGAINST THIS

CHECK TO THE ORDER OF <u>EVERGREEN COUNTY CLUB CO.,LTD(SHANGHAI)</u>THE SUM OF

US DOLLARS THIRTY SEVEN TOHOUSAND ONLY

TO:MARING MIDLAND BANK,N.A.,　　　　　　　　**THE HOKUETSU BANK,LTD**

　　MARINE MIDLAND BUILDING　　　　　　　　**INTERNATIONAL DIVISION**

　　I40,BROADWAY

NEW YORK

NY 10015 USA

　　　　　　　　　　　　　　　　　　　　　　AUTHORIZED SIGNATURE

　　　　　　　　　　　　　　　　　　　　　　T.MARUYAMA

图 7-2-2　支票样例

《票据法》要求支票上出票人的签章必须与在银行的预留签章一致。若支票上未记载收款人的名称，则可以经过出票人的授权后进行补记。出票人也可以在支票上记载自己是收款人。

此外，出票人必须承担保证持票人会按支票上所签发的金额收款的责任，所以，支票的出票人必须保证在付款人处存有不低于票面金额的款项，否则，开出的支票将会是"空头支票"。如果出票人故意开出空头支票，则必须承担法律责任。

（三）支票的种类

支票都是即期的。在我国，支票分为现金支票、转账支票和普通支票三种。支票上注有"现金"字样的为现金支票，仅用于支取现金。支票上注有"转账"字样的为转账支票，仅用于转账。无上述字样的为普通支票，普通支票可以用于支取现金，也可以用于转账。若在普通支票左上角划两条平行线，则被称为划线支票，划线支票只能用于转账，不得支取现金。

在国际结算中，支票一般既可以用以支取现金，又可以进行转账，其具体收款方式由持票人或收款人自主选择。

加油站

汇票、本票与支票的区别

汇票、本票与支票的区别见表 7-2-1。

表 7-2-1　汇票、本票与支票的区别

比较项目	汇票	本票	支票
作用	支付、信用两种作用	支付、信用两种作用	仅有支付一种作用
性质	出票人给予付款人无条件命令，二者之间不必先有资金关系	出票人约定由自己付款，是一种无条件的付款承诺	出票人和付款人之间先有资金关系。支票是一种取款的证券
当事人	出票人、收款人、付款人	出票人、收款人	出票人、收款人、付款人
主债务人	承兑前是受票人，承兑后是承兑人	出票人	银行
付款人	承兑人、保证人、参与付款人	出票人	银行
出票人责任	担保承兑和付款	自负付款责任	担保支票付款
种类	即期汇票和远期汇票、商业汇票和银行汇票等	商业本票和银行本票	现金支票、转账支票、普通支票
单据要求	一套（一式两份或数份），有副本	一张正本，没有副本	一张正本，没有副本
相同要求	出票、背书、付款、追索权、拒绝付款证书	出票、背书、付款、追索权、拒绝付款证书	出票、背书、付款、追索权、拒绝付款证书

在线测试及参考答案

任务训练

一、单项选择题

1. 关于本票与汇票的区别，下列表述不正确的是（　　）。
   A. 前者是无条件的支付承诺，后者是无条件的支付命令
   B. 前者的票面当事人为三个，后者则有两个
   C. 前者在使用过程中无须承兑，后者则有承兑环节
   D. 前者的主债务人不会变化，后者的主债务人因承兑而发生变化

2. 不可用于转账的支票是（　　）。
   A. 现金支票
   B. 转账支票
   C. 普通支票
   D. 划线支票

3. 下列不属于支票的绝对记载事项的是（　　）。
   A. 付款人名称
   B. 表明"支票"的字样
   C. 无条件支付的承诺
   D. 确定的金额

二、判断题

1. 汇票、本票和支票可分为即期和远期两种。　　　　　　　　　　（　　）
2. 本票是出票人签发的，承诺指定付款人在见票时无条件支付确定的金额给收款人或持票人的票据。　　　　　　　　　　　　　　　　　　　　　　（　　）
3. 我国不承认银行以外的企事业、其他组织和个人签发的本票。　（　　）

三、案例分析题

甲从乙处购货，为支付货款向乙签发了一张支票，指示甲的开户行从甲的1000元支票账户存款中支付500元给乙。由于乙的疏忽，支票过期后才想到向银行提示要求付款，该银行正好在金融风暴中倒闭，乙无法得到款项。

问：乙是否可以要求甲另外支付自己500元货款？为什么？

任务三 认识汇付及所需单据

情境导入

青锋公司向德国 VEDAG 公司出口电动螺丝刀 2000 个。青锋公司外贸业务员王海伦在洽谈过程中想以最快捷、简单又安全的方式收回货款。应该采用何种支付方式呢?

◎ 回音壁

国际货物支付方式主要有三种,分别是汇付、托收与信用证。下面,让我们一起来学习这三种支付方式。

一、初识汇付

(一)汇付的含义

汇付(Remittance)又称汇款,是指付款人主动通过银行或其他途径将款项汇给收款人。汇付是进出口贸易的支付方式之一,也是最简单的国际货款结算方式。一般由进口方按照合同约定的条件与时间,将货款通过银行汇交给出口方。由此可见,汇付方式的基本当事人有汇款人、收款人与银行(汇出行与汇入行)。

(二)信用证的主要当事人

1. 汇款人

汇款人(Remitter)是指汇出款项的当事人,一般是进口商。

2. 收款人

收款人(Payee or Beneficiary)是指接受款项的当事人,一般是出口商。

3. 汇出行

汇出行(Remitting Bank)是应汇款人委托或申请,按汇款人指定的汇款方式将货款汇交给收款人的银行,一般是进口地银行。

4. 汇入行

汇入行(Receiving Bank)是指受汇出行委托将款项交给收款人的银行,一般是出口地银行。

 即问即答

情境导入中如采用汇付，请回答以下问题：
1）汇款人是谁？
2）收款人是谁？
3）汇出行是哪里的银行？
4）汇入行是哪里的银行？

参考答案

二、体验汇付操作程序

汇付的一般操作流程见图 7-3-1。

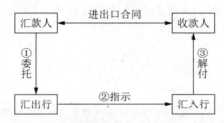

图 7-3-1　汇付业务流程示意

① 汇款人（进口商）委托汇出行（进口地银行）汇出货款。
② 汇出行（进口地银行）指示汇入行（出口地银行）解付货款给收款人。
③ 汇入行（出口地银行）按照汇出行的指示将货款解付给收款人。

三、辨析汇付种类

根据汇出行指示汇入行付款方式的不同，汇付可以分为电汇、信汇与票汇。

（一）电汇

电汇是指汇出行根据汇款人的申请，通过环球银行金融电信协会（Society for Worldwide Interbank Financial Telecommunication，SWIFT）、电传、电报，指示汇入行将指定款项解付给收款人的汇付方式。

电汇的优点是迅速安全，是三种汇付方式中最快捷的一种。因此，在实际操作中，电汇的使用率最高，费用也最高。

（二）信汇

信汇（Mail Transfer，M/T）是指汇出行根据汇款人的申请，将信汇委托书或支付通知书通过邮政航空信函送达至汇入行，授权汇入行将款项解付给收款人的汇付方式。

由于信汇委托书需要通过航空信函送达，因此途中信函有遗失或延误的可能，且付款指示的送达速度有限，信汇要比电汇慢，所以收款人收汇时间较长。因此目前使用不多。

（三）票汇

票汇（Demand Draft，D/D）是指汇出行根据汇款人的申请开立一张以汇入行作为付款人的银行汇票，由汇款人自行邮寄或者自身带给收款人，收款人凭此汇票向汇入行收取货款的汇付方式。

票汇的优点是比较灵活。汇票可以由汇款人自行邮寄或自行携带，因此，费用比较低，是三种方式中费用最低的一种。但是票汇的风险比较大，因为自行邮寄与携带容易发生汇票遗失或损坏，因此使用也不多。

 学中做

> 根据汇付的一般收付流程，在白纸上分别画出电汇、信汇、票汇的业务流程图。

参考答案

 加油站

> **预付货款与货到付款的差别**
>
> 根据货款交付和货物运送先后时间的不同，电汇存在先收款后交货与先交货后收款两种情况。前者称为预付货款（前 T/T），后者称为货到付款（后 T/T）。
>
> 1）前 T/T 是指进口商在未收到货物之前，将货款的一部分或全部交给出口商的方式。出口商在收到货款后，立即在第一时间发送货物。对进口商而言，这种方式是不利的。
>
> 2）后 T/T 是指出口商先发货、进口商再付款的方式。这种方式对出口商不利。
>
> 在实际操作中，100%前 T/T 对出口商很有利，但是一般进口商不会同意；而 100%后 T/T 对出口商风险太大，容易造成钱货两空的情况。因此，一般采用部分前 T/T 与部分后 T/T 的做法，如 30%前 T/T 作为定金，70%后 T/T 为货款。

四、明晰汇付特点

1）汇付属于商业信用。在进出口贸易中，使用汇付方式结算货款，银行一般只提供清算服务而不提供信用，进口商与出口商之间的交易完全取决于双方之间的信用。

2）汇付是比较快捷的支付方式，电汇尤其如此。但是，在汇付中存在汇出时间与汇入时间差，对出口方仍然意味着风险。

3）汇付方式下的单据制作主要以双方签订的合同条款为依据，卖方需要缮制的单据主要分为出运单据、商业单据与公务证书。

任务训练

一、单项选择题

1. 进出口业务中，M/T 表示（　　）。
　　A．电汇　　　　　　　　　　B．票汇
　　C．信汇　　　　　　　　　　D．托收

2. 通过汇出行开立的银行汇票的转移实现货款支付的汇付方式是（　　）。
　　A．电汇　　　　B．票汇　　　　C．信汇　　　　D．托收

3. 接受汇出行的委托将款项解付给收款人的银行是（　　）。
　　A．托收行　　　B．汇入行　　　C．代收行　　　D．转递行

在线测试及参考答案

二、判断题

1. 采用汇付方式，有关单据一般不通过银行专递，而由出口人自行寄交进口人，所以出口人采用汇付方式，一般不会有什么风险。　　　　　　　　　　（　　）

2. 在票汇情况下，买方购买银行汇票寄交卖方，因采用的是银行汇票，故这种付款方式属于银行信用。　　　　　　　　　　　　　　　　　　　　　　（　　）

3. 电汇的优点是迅速、安全，是三种汇付方式中最快捷的一种。　　（　　）

三、案例分析题

中国的甲银行发信汇通知书给纽约的乙银行，受益人是乙银行的客户。由于甲银行和乙银行间没有账户关系，甲银行就电报通知其境外账户行丙银行，将资金调拨给乙银行。

问：该案例反映了什么问题？给我们什么启示？

任务四　认识托收及所需单据

情境导入

在王海伦的努力下，青锋公司又接到了一笔业务：德国 VEDAG 公司欲购买一批电烙铁。在业务洽谈的远程中，德国 VEDAG 公司提出采用托收方式，为了达成交易，王海伦同意了。但如今王海伦陷入了思考：托收方式下，公司能安全地收到货款吗？

◎ 回音壁

托收属于商业信用的支付方式，可促成交易达成，增强出口商品的竞争能力，但是有一定的风险，需要出口商采取相应的措施。

一、初识托收

（一）托收的含义

托收（Collection）是指出口商开立以进口商为付款人的汇票，委托出口地银行通过它在进口地的分行或者代理行向进口商收取销售货款或劳务价款。

由此可见，托收有四个主要当事人。

（二）托收的主要当事人

1. 委托人

委托人（Principal）是指开具汇票，委托银行向国外进口商收款的人。在进出口贸易实践中，通常是出口商。

2. 托收行

托收行（Remitting Bank）又称寄单行，是指受委托人的委托办理收款业务的银行，通常为出口商所在地的银行。

3. 代收行

代收行（Collecting Bank）是指接受托收行委托，代替托收行向收款人收取货款的银行，通常是托收行在付款人所在地的联行或代理行。

4. 付款人

付款人（Drawee）是被提示单据并进行付款的人。托收业务中的付款人，即进出口贸易合同中的进口商。

此外，提示行也是托收业务的当事人。提示行是指向付款人提示单据并收取款项的银行。一般情况下代收行就是提示行。

 即问即答

情境导入中如采用托收，请回答以下问题：

1）委托人是谁？

2）付款人是谁？

3）托收行是哪里的银行？

4）代收行是哪里的银行？

参考答案

二、辨析托收种类

根据出口商开具汇票是否随附商业单据，托收可分为光票托收和跟单托收。

（一）光票托收

光票托收（Clean Collection）是指出口商仅向托收行提交汇票、本票、支票等金融单据，委托其代为收款。一般用于收取货款尾数、代垫费用、佣金或其他小额费用。

（二）跟单托收

跟单托收（Documentary Collection）是指出口商向托收行提交商业单据，委托其代为收款的结算方式。有时为避免印花税，也可不开立汇票，只凭商业单据委托银行进行托收。

跟单托收按交单条件不同可以分为付款交单和承兑交单。

1. 付款交单

出口商交单的前提条件是进口商的付款，即出口商在办理托收时，指示银行在进口商付清货款以后，才能将货运单据交给进口商。

付款交单（Documents against Payment，D/P）根据付款时间不同，可分为即期付款交单和远期付款交单。

1）即期付款交单（D/P at sight）是指进口商接到银行提示的跟单汇票，审核单据，确定单据无误后，立即付款换取单据。

2）远期付款交单（D/P at...days after sight）是指进口商接到银行提示的跟单汇票是远期的，进口商先对远期汇票进行承兑，待汇票到期时再付款换取单据。

2. 承兑交单

承兑交单（Documents against Acceptance，D/A）是指出口商交单的前提条件是进口商的承兑，即出口商在办理托收时，指示银行在进口商承兑汇票以后，就将货运单据交给进口商，待汇票到期时进口商再履行付款义务。

 **学中做**

　　根据以上托收的种类，在白纸上画出托收分类的结构图。

参考答案

三、体验托收程序

　　不同托收方式下，单据的流转顺序各不相同。图 7-4-1 是即期付款交单交易的程序示意图。

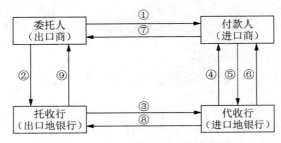

图 7-4-1　即期付款交单交易的程序示意

　① 出口商发货。
　② 出口商填写托收委托书，开立即期汇票，并随附货运单据交给托收行。
　③ 托收行将即期汇票寄交代收行委托代收。
　④ 代收行按托收委托书指示向进口商提示跟单即期汇票。
　⑤ 进口商付款。
　⑥ 代收行交单。
　⑦ 进口商提货。
　⑧ 代收行办理转账，并通知托收行款已收到。
　⑨ 托收行向委托人交款。

 **学中做**

　　假定代收行向进口商提示汇票和单据的日期为 5 月 10 日，按照不同的跟单托收条件填写承兑日、付款日和交单日。请完成表 7-4-1 的填写。

参考答案

表 7-4-1 练习题

托收条件	进口商承兑的日期	进口商向代收行付款的日期	代收行向进口商交单的日期
即期付款交单			
远期付款交单见票后 45 天付款			
承兑交单见票后 45 天付款			

四、解析托收规则与特点

（一）《托收统一规则》对托收的有关规定

1）托收业务中，银行除了检查单据是否与委托书所列一致外，对单据并无审核的责任。

2）未经代收行事先同意，货物不能直接发给代收行。

3）远期付款交单下的委托书，必须指明单据是凭承兑交单还是凭付款交单。如未指明，银行只能凭付款后交单。

4）银行对于任何由于传递中发生的遗失或差错概不负责。

5）提示行对于任何签字的真实性或签字人的权限不负责任。

6）托收费用应由付款人或委托人负担。

7）委托人应受国外法律及惯例规定的义务和责任所约束，并对银行承担该项义务和责任负赔偿职责。

8）汇票如被拒付，托收行应在合理的时间内做出进一步处理单据的指示。

（二）托收的特点

1）属于商业信用，银行不保证付款，不审核单据内容。

2）如遭进口商拒付，除非另有规定，银行无代管货物的义务。

3）出口商的风险较大，承兑交单比付款交单的风险更大。

4）托收对进口商较为有利，远期付款交单对出口商来说可预借货运单据，便于资金融通。

5）托收可促进交易达成，增强出口商品的竞争能力。

五、解析托收所涉及的单据

（一）托收委托书

托收委托书是委托人与托收行之间关于该笔托收业务的契约性文件，也是银行进行处理该笔业务的依据。各家银行托收委托书的格式各不相同，但是基本内容是一致的。中国银行的托收委托书样本见图 7-4-2。

 托收委托书
COLLECTION ORDER

致：中国银行××市分行_____日期：_____

　　兹随附下列出口托收单据/票据，请贵行根据国际商会跟单托收统一惯例（URC 522）及或贵行有关票据业务处理条例予以审核并办理寄单/票索汇：

托收行（Remitting Bank）： BANK OF CHINA SHANGHAI BRANCH	代收行（Collecting Bank）： 名称： 地址：
委托人（Principal）：	付款人（Drawee）： 名称： 地址： 电话：

付款交单 D/P（　　）承兑交单 D/A（　　） 无偿交单 FREE OF PAYMENT（　　）	期限/到期日：
发票号码/票据编号：	国外费用承担人：□ 付款人　□委托人
金额：	国内费用承担人：□ 付款人　□委托人

单据种类	汇票	发票	提单	空运单	保险单	装箱单	重量单	产地证	FORM A	检验证	公司证明	船证明		
份数														

特别指示：
1. 邮寄方式：　□快邮　　□普邮　　□指定快邮
2. 托收如遇拒付，是否须代收行做成拒绝证书（PROTEST）：　□是　　□否
3. 货物抵港时是否代办存仓保险：　□是　　□否
4. 如付款人拒付费用及/或利息，是否可以放弃：　□是　　□否
5. _____
6. _____
付款指示：核销单编号：_____
请将收汇款以原币（　　）或人民币（　　）划入我司下列账户：
开户行：_____账号：_____
公司联系人姓名：_____公司签章
电话：_____传真：_____　年　月　日

银行签收人：	签收日期：
改单/退单记录：	

图 7-4-2　托收委托书

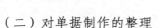

（二）对单据制作的整理

托收项下，制作单据时，应该以合同中所规定单据要求为依据。

假如合同中单据条款如下：

Documents required:

1）Commercial invoice in duplicate.

2）Packing list in duplicate.

3）Full set of clean on board ocean bill of lading made out to order of shipper blank endorsed marked freight prepaid notify the buyer.

4）Insurance policy in duplicate.

5）Certificate of origin in duplicate.

分析整理此条款后，需要制作的单据分析见表7-4-2。

表7-4-2　单据要求整理表

单据	份数	制作要求
商业发票	一式两份	
装箱单	一式两份	
海运提单		抬头：TO ORDER OF SHIPPER 空白背书 运费预付 通知人：买方
非议付提单		
航空运单		
产地证	一式两份	
保单	一式两份	
检验证		
汇票	一式两份	

加油站

《托收统一规则》介绍

国际商会为统一托收业务的做法，减少托收业务各有关当事人可能产生的矛盾和纠纷，曾于1958年草拟《商业单据托收统一规则》（The Uniform Rules for Collection, ICC Publication No.322）。1995年再次修订，称为《托收统一规则》国际商会第522号出版物（简称URC 522），1996年1月1日实施。《托收统一规则》自公布实施以来，被各国银行所采用，已成为托收业务的国际惯例。

《托收统一规则》共七部分、二十六条,包括总则及定义、托收的形式和结构,提示方式,义务与责任,付款,利息、手续费及其他费用,其他规定。根据《托收统一规则》规定,托收意指银行根据所收的指示,处理金融单据或商业单据,目的在于取得付款和/或承兑,凭付款和/或承兑交单,或按其他条款及条件交单。上述定义中所涉及的金融单据是指汇票、本票、支票或其他用于付款或款项的类似凭证;商业单据是指发票、运输单据、物权单据或其他类似单据,或除金融单据之外的任何其他单据。

任务训练

一、单项选择题

1. 代收行向付款人提示单据遭到拒付时,代收行应( )。
   A. 出具书面拒付书并说明拒付理由
   B. 在汇票上注明"拒付证书"字样
   C. 立即通知委托人托收单据已被拒付
   D. 办理拒绝证书

2. 托收方式下的付款交单和承兑交单的主要区别是( )。
   A. 付款交单属于跟单托收,承兑交单属于光票托收
   B. 付款交单属于付款后交单,承兑交单属于承兑后交单
   C. 付款交单是即期付款,承兑交单是远期付款
   D. 付款交单只有即期,承兑交单是远期

在线测试及参考答案

3. 承兑交单方式下开立的汇票是( )。
   A. 即期汇票   B. 远期汇票
   C. 银行汇票   D. 银行承兑汇票

二、判断题

1. 在付款交单方式下,银行交单以进口人付款为条件,如进口人不付款,货物所有权仍在出口人手中,所以付款交单对出口人没有什么风险。　　　　　( )

2. 在国际贸易买卖中,就卖方安全收汇来讲,付款交单、承兑交单和信用证这三种方式,以付款交单方式最为可靠。　　　　　　　( )

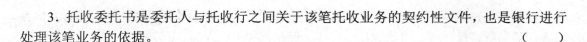

3. 托收委托书是委托人与托收行之间关于该笔托收业务的契约性文件，也是银行进行处理该笔业务的依据。   （   ）

三、案例分析题

某年 4 月 9 日，某托收行受理了一笔付款条件为 D/P at sight 的出口托收业务，金额为 USD 100 000.00，托收行按出口商的要求将全套单据整理后撰打了托收面函一同寄给了美国一家代收行。单据寄出后一周委托人声称进口商要求委托行将"D/P at sight"修改为"D/P at 60 days sight"。委托行在强调 D/A 的风险性后，委托人仍坚持要修改，最后委托行按委托人的要求发出了修改指令，此后一直未见代收行发出承兑指令。当年 8 月 2 日应委托人要求，委托行通知代收行退回全套单据。8 月 19 日委托行收到代收行寄回的单据，发现三份正本提单只有两份，委托人立即通过美国有关机构了解到，货物已经被 M.W.Internation 即进口商提走。此时委托行据理力争，要求代收行要么退回全套单据，要么承兑付款，但是代收行始终不予理睬，货款最终没有着落，而委托人又不愿意通过法律程序解决，事隔数年，货款仍未收回。

问：造成本案例中货款未收回的原因是什么？

任务五　认识信用证及所需单据

情境导入

青锋公司又接到了一笔业务：德国 YOUNGER 工具有限公司欲购买一批电动螺丝刀，共 500 件，价值 USD 10 000。在业务洽谈的过程中，王海伦想到汇付与托收都属于商业信用，存在一定的风险。能否找到另外一种支付方式，减少货款收取的风险呢？

◎ 回音壁

国际货款支付方式主要有三种，分别是汇付、托收与信用证。其中信用证支付方式属于银行信用，即银行是付款人，能减少货款收取的风险。

一、初识信用证

（一）信用证的含义

信用证是指开证行应开证申请人的请求开立给受益人的，保证在单证一致、单单一致的条件下履行付款责任的一种书面担保文件。

由此可见，信用证的基本当事人有开证申请人、开证行和受益人。此外，还有其他关系人：通知行、议付行、付款行、偿付行、保兑行和承兑行等。

（二）信用证的主要当事人

1. 开证申请人

开证申请人（Applicant）是指向银行申请开立信用证的人，一般为进口方，又称开证人（Opener）。

2. 开证行

开证行（Opening Bank or Issuing Bank）是指接受开证申请人的委托，开立信用证的银行，一般是进口地的银行。

3. 受益人

受益人（Beneficiary）是指信用证上指定的有权使用该证的人，通常是信用证的收件人，一般为出口方。

4. 通知行

通知行（Notifying Bank）是指受开证行的委托，将信用证通知或转交给受益人的银行，一般是出口人所在地银行。

5. 议付行

议付行（Negotiating Bank）是指愿意买入受益人交来的跟单汇票的银行。它可以是指定的银行，也可以是非指定的银行，由信用证的条款来规定。议付行又称押汇银行、购票银行或贴现银行。

6. 付款行

付款行（Paying Bank）是指信用证指定的付款银行。它一般是开证行，也可以是信用证指定的另一家银行，根据信用证条款的规定来决定。

7. 偿付行

偿付行（Reimbursing Bank）是指受开证行的指示或授权，对有关代付行或议付行的索偿予以照付的银行。信用证的偿付行又称信用证的清算银行。

8. 保兑行

保兑行（Conforming Bank）是指开证行请求在信用证上加具保兑的银行，它具有与开证行相同的责任和地位。

9. 承兑行

承兑行（Accepting Bank）也称商人银行或投资信托行。18 世纪末，远期信用证如要求受益人出具远期汇票的，会指定一家银行作为受票行，由它对远期汇票做出承兑，这就是承兑行。

信用证示例如下：

ISSUE OF A DOCUMENTARY CREDIT

SEQUENCE OF TOTAL	*27: 1/1
FORM OF L/C	*40A: IRREVOCABLE
L/C NO.	*20: YG123578-28
DATE OF ISSUE	*31C: JUNE 30, 2015
EXPIRY DATE AND PLACE	*31D: AUG. 15, 2015 IN GERMANY
ISSUING BANK	*51D: COMMERZBANK OF GERMANY, HAMBURG BRANCH. BANKING BUILDING, 96 STREET, HAMBURGE, GERMANY
APPLICANT	*50: YOUNGERTOOLS CO., LTD. RM.219, GARDEN HOTEL, 28 STREE, HAMBURG, GERMANY
BENEFICIARY	*59: NINGBOQINGFENGTOOLS CO.,LTD.4TH/FL., ZHONGCHENG BIUILDING, 8 RUIJING YI ROAD, NINGBO, CHINA
L/C AMOUNT	*32B: USD 10 000.00
AVAILABLE WITH/BY	*41D: ADVISING BANK BY NEGOTIATION
DRAFT	*42C: AT 30 DAYS'SIGHT
PAYING BANK	*42D: ISSUING BANK
PARTIAL SHIPMENT	*43P: NOT ALLOWED
TRANSSHIPMENT	*43T: NOT ALLOWED
LOADING AT/FROM	*44A: NINGBO CHINA
FOR TRANSPORTATION TO	*44B: HAMBURG GERMANY
LATEST DATE OF SHIPMENT	*44C: AUG.8, 2015
DESCRIPTION OF GOODS	*45A:

HAND PENCIL SHARPENER

ITEM 618: 2880PCS　　USD3.79/PC　　CIFC5 HAMBURG

ITEM 604: 2880PCS　　USD1.82/PC　　CIFC5 HAMBURG

LESS 5% COMMISSION

DETAILS AS PER S/C NO.　02ABC-123 DATED JUNE 16, 2015

DOCUMENTS REQUIRED　　　* 46A:

1. SIGNED COMMERCIAL INVOICE IN QUARDRUPLICATE.

2. PACKING LIST IN TRIPLICATE.

3. FULL SET OF CLEAN ON BOARD OCEAN　AIRWAY BILL OF LADING MADE OUT TO ORDER AND ENDORSED IN BLANK SHOWING FREIGHT PREPAIDAND NOTIFYING APPLICANT.

4. (GSP) FORM A IN DUPLICATE.

5. INSURANCE CERTIFICATE IN DUPLICATE

ADDITIONAL CONDITIONS:　　　* 47A:

1. L/C NUMBER WILL BE SHOWN ON ALL DOCUMENTS.

2. ALL DRAFTS DRAWN HEREUNDER MUST BE INDICATED THIS L/C NO., DATE OF ISSUE AND NAME OF ISSUING BANK.

3. DISCREPANCY FEE OF USD40.00 WILL BE DEDUCTED FROM THE PROCEEDS OF ANY DRAWING IF DISCREPANT DOCUMENTS ARE PRESENTED.

DETAILS OF CHARGES

* 71B: ALL BANKING CHARGE OUTSIDE GERMANY FOR BENEFICIARY'S ACCOUNT.

PERIOD FOR PRESENTATION　　* 48: WITHIN 21 DAYS AFTER THE DATE OF B/L BUT NOT LATER THAN THE EXPIRATION OF THE L/C.

CONFIRMATION　　　　　* 49: WITHOUT

INSTRUCTIONS　　　　　* 78:

　　UPON RECEIPT OF SHIPPING DOCUMENTS IN STRICT CONFORMITY WITH L/C TERMS, WE WILL COVER YOUR ACCOUNT ACCORDING TO YOUR INSTRUCTION.

ADVISE THROUGH　　　　* 57D:COMMERZBANK OF GERMANY, NINGBO BRANCH 25F. WORLD PLAZA, 855 SHANXI SOUTH ROAD, NINGBO,CHINA

BANK TO BANK INFORMATION　　* 72: SUBJECT TO ICC UCP 600

即问即答

请回答以上信用证的下列主要当事人：

1）开证申请人。

2）开证行。

3）受益人。

4）通知人。

参考答案

（三）信用证的主要内容

1. 对信用证的说明

对信用证的说明主要包括信用证的种类、编号、金额、有效期、到期地点、信用证有关当事人的名称、地址与联系方式等。

2. 对货物的说明

对货物的说明主要包括货物的名称、规格、数量、包装、单价、运输标志等。

3. 对运输事宜的说明

对运输事宜的说明包括运输方式、装运港（地）、目的港（地）、装运期、分批转运与转船的说明等。

4. 对单据的说明

对单据的说明包括应该附上哪些单据以及对单据的具体要求。

5. 特殊条款

特殊条款一般规定交单日期、要求某一特殊单据或某些特殊标注。

6. 责任文句

责任文句是指开证行对受益人保证付款的责任文句。

开立 SWIFT 信用证的格式代号为 MT700 和 MT701，表 7-5-1 为 MT700 的开立格式。

表 7-5-1　MT700 的开立格式

M/O[1]	Tag （代号）	Field Name （栏目名称）
M	27	Sequence of Total （合计次序[2]）
M	40A	Form of Documentary Credit （跟单信用证类别）
M	20	Documentary Credit Number （信用证号码）
O	23	Reference to Pre-Advice （预告的编号）
O	31C	Date of Issue （开证日期）
M	31D	Date and Place of Expiry （到期日及地点）

续表

M/O^①	Tag （代号）	Field Name （栏目名称）
O	51A	Applicant Bank （申请人银行）
M	50	Applicant （申请人）
M	59	Beneficiary （受益人）
M	32B	Currency Code, Amount （币别代号、金额）
O	39A	Percentage Credit Amount Tolerance （信用证金额加减百分率）
O	39B	Maximum Credit Amount （最高信用证金额）
O	39C	Additional Amounts Covered （可附加金额）
M	41A	Available With···By··· （向······银行押汇，押汇方式为······）
O	42C	Drafts at··· （汇票期限）
O	42A	Drawee （付款人）
O	42M	Mixed Payment Details （混合付款指示）
O	42P	Deferred Payment Details （延迟付款指示）
O	43P	Partial Shipments （分批装船）
O	43T	Transshipment （转船）
O	44A	Loading on Board/Dispatch/Taking in Charge at/from··· （由······装船/发送/接管）
O	44B	For Transportation to··· （装运至······）
O	44C	Latest Date of Shipment （最后装船日）
O	44D	Shipment Period （装运期间）
O	45A	Description of Goods and/or Services （货物叙述和/或各种服务）

续表

M/O^①	Tag （代号）	Field Name （栏目名称）
O	46A	Documents Required （应提示单据）
O	47A	Additional Conditions （附加条件）
O	71B	Charges （费用）
O	48	Period for Presentation （提示期间）
M	49	Confirmation Instructions （保兑期间）
O	53A	Reimbursement Bank （偿付行）
O	78	Instructions to the Paying/Accepting/Negotiation Bank （对付款/承兑/议付行之指示）
O	57A	Advise Through Bank （通过……银行通知）
O	72	Sender to Receiver Information （银行间的备注）

注：①为 Mandatory 与 Optional 的缩写，前者为必要项目，后者为任意项目。
②是指本证的页次，共两个数字，前后各一。例如"1/2"，其中"2"指本证共两页，"1"指本页为第一页。

加油站

SWIFT 介绍

　　SWIFT 是国际银行同业间的国际合作组织，成立于 1973 年。目前全球大多数银行已使用 SWIFT 系统，该系统为银行的结算提供了安全、可靠、快捷、标准化、自动化的通信业务，大大提高了银行的结算速度。过去银行进行全电开证时，一般采用电报或电传，各国银行的标准不一样，信用证的格式也不相同，同时文字比较烦琐。而 SWIFT 形式具有标准化、传递快、成本低的特点，所以目前信用证的格式主要采用 SWIFT 电文。

（四）信用证的特点

1. 开证行负首要付款责任

信用证支付方式是以银行信用作为保证的，因此，开证行负第一付款人的责任。按《跟单信用证统一惯例》的规定，在信用证业务中，开证行对受益人的付款责任是首要的、独立的。即使开证申请人事后丧失了偿付能力，只要出口人提交的单据符合信用证的条款，开证行就必须承担付款责任。

2. 信用证是一项自足文件

信用证是依据买卖合同开立的，但一经开立，即成为独立于买卖合同之外的契约。信用证各当事人的权利与责任完全以信用证条款为依据，不受买卖合同的约束。

3. 信用证业务处理的是单据而非货物

银行处理信用证业务只凭单据，不问货物的真实状况如何。银行以受益人提交的单据是否与信用证条款相符为依据，决定是否付款。如开证行拒付，也必须以单据上的不符点为由。这种"相符"必须是"严格相符"，不仅要单证一致，而且要单单一致。

 即问即答

> 如果青锋公司在货物装运后，缮制整理出一份正确、完整的单据交由议付行议付，议付行审核单据后，认为符合单单一致、单证一致的要求，交给开证行要求付款。此时，德国 YOUNGER 工具有限公司通知开证行，货物包装不符合合同规定，那么我方还能否顺利结汇？

参考答案

二、体验信用证操作程序

以即期跟单信用证为例，信用证业务的一般交易程序见图 7-5-1。

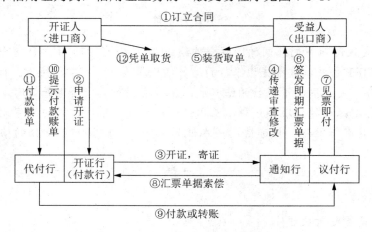

图 7-5-1　即期跟单信用证交易程序示意

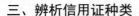

三、辨析信用证种类

（一）跟单信用证与光票信用证

根据信用证项下的汇票是否附有货运单据，信用证可分为跟单信用证和光票信用证。

1. 跟单信用证

跟单信用证（Documentary Credit）是指凭跟单汇票或单纯凭单据付款、承兑或议付的信用证。所谓跟单，大多是指代表货物所有权或证明货物已装运的运输单据、商业发票、保险单据、商检证书、海关发票、产地证书、装箱单等。

2. 光票信用证

光票信用证（Clean Credit）是指开证行仅凭受益人开具的汇票或简单收据而无须附件单据即付款的信用证。它在国际贸易货款的结算中，主要被用于贸易总公司与各地分公司间的货款清偿，以及贸易从属费用和非贸易费用的结算。

（二）可撤销信用证与不可撤销信用证

根据开证行所负责任，信用证可分为不可撤销信用证和可撤销信用证。

1. 不可撤销信用证

不可撤销信用证（Irrevocable L/C）是指信用证一经开出，在有效期内未经受益人及有关当事人的同意，开证行不得单方面修改或撤销，只要受益人提供符合信用证规定的单据，开证行必须履行付款义务。

2. 可撤销信用证

可撤销信用证（Revocable L/C）是指开证行在付款或被议付之前，可不经受益人同意随时修改或撤销的信用证。

UCP 500 中规定信用证可以是可撤销信用证，也可以是不可撤销信用证，由于在实际业务中已不再使用可撤销信用证，因此在 UCP 600 中摒弃了可撤销信用证，默认凡依据 UCP 600 条款开立的信用证都是不可撤销的。

（三）保兑信用证与非保兑信用证

不可撤销信用证中，根据有无另一家银行者提供保兑，可分为保兑信用证和非保兑信用证。对于卖方来说，可能因为开证行是一家不熟悉的国外小银行，这家银行与买方关系不一般，或者可能受到尚不确定的外汇管制的限制，因此，希望由另外一家银行，最好由卖方当地银行对开证行的付款再加以保证（保兑）。

1. 保兑信用证

保兑信用证（Confirmed L/C）是指开证行开出的，由另一家银行保证兑付的信用证。经保证兑付的信用证，对符合信用证条款规定的单据履行付款义务，即有不可撤销的付款保证，而且有保兑行兑付的保证。对于保兑信用证，开证行和保兑行都承担第一性的付款责任，所以，这种有双重保证的信用证对于出口商安全收汇是有利的。

2. 非保兑信用证

非保兑信用证（Unconfirmed L/C）是指未经另一家银行加具保兑的信用证，即一般的不可撤销信用证。在非保兑信用证中，只有开证行承担付款责任，也就是由开证行单独负责付款。非保兑信用证一般通过卖方国家的银行通知卖方，并且相关的运输单据和其他单据通常也提交给这家银行以求得到最终付款。通常在与发达国家的经荣誉评估的开证行打交道时，大部分卖方很可能接受这种非保兑信用证作为较安全的支付方式。如果对开证行及其资信状况有疑问，可以通过本地银行的国际业务部门进行查询。

（四）即期信用证与远期信用证

根据付款时间不同，信用证可分为即期信用证和远期信用证。

1. 即期信用证

即期信用证（Sight L/C）是开证行或付款行收到符合信用证条款的汇票及单据，立即履行付款责任的信用证。它可使受益人通过银行付款或议付及时取得货款，因而在国际贸易结算中被广泛使用。

2. 远期信用证

远期信用证（Usance L/C）是指开证行或付款行收到远期汇票或单据后，在规定的一定期限内付款的信用证。其主要作用是便利进口商资金融通。

3. 假远期信用证

假远期信用证（Usance Credit Payable at Sight）又称远期汇票即期付款信用证，即出口商在货物装船并取得装运单据后，按照信用证规定开具远期汇票，向指定银行即期收回全部货款。对出口商来说，它与即期信用证无区别，但汇票到期时如被拒付则要承担被追索的风险。而进口商可在远期汇票到期时再向银行付款并承担信息和承兑费用，它实际上是银行对进口商的一种资金融通。

（五）可转让信用证与不可转让信用证

按受益人是否有权将信用证转让给其他人使用，信用证可分为可转让信用证和不可转让信用证。

1. 可转让信用证

可转让信用证（Transferable L/C）是指信用证的第一受益人，将现存信用证的全部或部分金额转让给第二受益人（通常是货物的最终供货方）使用的信用证。这种信用证经常被中间商当作融资工具使用。

2. 不可转让信用证

不可转让信用证（Non-transferable L/C）是指受益人无权转让给其他人使用的信用证。凡在信用证上没有注明"可转让"字样的信用证，都是不可转让信用证。

（六）信用证的其他形式

信用证的其他形式包括循环信用证、预支信用证、对背信用证、对开信用证、当地信用证、备用信用证和红条款信用证。

 即问即答

示例信用证应该属于何种类型的信用证？

 参考答案

四、明晰信用证的单据制作要求

MT700 格式，对单据的说明主要在 46A 栏目下，以示例信用证为例，单据说明条款如下：

DOCUMENTS REQUIRED　　　　*46A:

1) SIGNED COMMERCIAL INVOICE IN QUARDRUPLICATE.

2) PACKING LIST IN TRIPLICATE.

3) FULL SET OF CLEAN ON BOARD OCEAN AIRWAY BILL OF LADING MADE OUT TO ORDER AND ENDORSED IN BLANK SHOWING FREIGHT COLLECTAND NOTIFYING APPLICANT.

4) (GSP) FORM A IN DUPLICATE.

5) INSURANCE CERTIFICATE IN DUPLICATE.

除此之外，整理对单据的要求，还需要分析信用证的特殊条款，以上文中的示例信用证为例，特殊条款如下：

ADDITIONAL CONDITIONS:　　　*47A:

1) L/C NUMBER WILL BE SHOWN ON ALL DOCUMENTS.

2) ALL DRAFTS DRAWN HEREUNDER MUST BE INDICATED THIS L/C NO., DATE OF ISSUE AND NAME OF ISSUING BANK.

因此，分析这些条款后，整理单据要求见表 7-5-2。

表 7-5-2　单据要求整理表

单据种类	份数	制作要求
商业发票	一式四份	显示信用证号码
装箱单	一式三份	显示信用证号码
海运提单	全套（一般为三份）	抬头：TO ORDER 空白背书 运费预付 通知人：开证申请人
产地证（FORMA）	一式两份	显示信用证号码
保险单	一式两份	显示信用证号码
汇票		显示信用证号码、信用证开证日期和开证行

 学中做

　　某出口公司对美国成交女士上衣 600 件，合同规定绿色和红色面料的上衣按 3∶7 搭配，即绿色的 180 件，红色的 420 件。后美国开来的信用证上改为红色 30%，绿色 70%，但出口公司仍然按照原合同规定的花色比例转船出口，遭到银行的拒付。银行为什么能拒付？收到来证后，我方应该如何处理？

参考答案

 加油站

UCP 600 介绍

　　国际商会为明确信用证有关当事人的权利、责任、付款的定义和术语，减少因解释不同而引起各有关当事人之间的争议和纠纷，于 1930 年拟订一套《商业跟单信用证统一惯例》（Uniform Customs and Practice for Commercial Documentary Credits），并于 1933 年正式公布。随着国际贸易变化，分别在 1951 年、1962 年、1974 年、1978 年、1983 年、1993 年进行了多次修订，称为《跟单信用证统一惯例》（Uniform Customs and

Practice for Documentary Credits），被各国银行和贸易界广泛采用，已成为信用证业务的国际惯例。但其本身不是一个国际性的法律规章。从 2007 年 7 月起，《跟单信用证统一惯例（2007 年修订本）》第 600 号出版物开始执行，简称 UCP 600。它比 UCP 500 减少了 10 条，但却比 UCP 500 更准确、清晰，更易读、易掌握、易操作。

任务训练

一、单项选择题

1. 托收与信用证支付方式最主要的区别是（　　）。
   A．前者是顺汇，后者是逆汇
   B．前者是商业信用，后者是银行信用
   C．前者是商业汇票，后者是银行汇票
   D．前者收款速度快，后者收款速度慢

在线测试及参考答案

2. 经受益人申请，银行将信用证金额的全部或部分转让给一个或一个以上受益人，该信用证是（　　）。
   A．对开信用证 　　　　　　　　B．可转让信用证
   C．循环信用证 　　　　　　　　D．预支信用证

3. 在信用证支付方式下，只负责证明信用证真实性和转交信用证，不承担其他义务的银行是（　　）。
   A．开证行 　　　B．保兑行 　　　C．议付行 　　　D．通知行

二、判断题

1. 根据 UCP 600，保兑信用证项下保兑行的付款责任是在开证行不履行付款义务时才履行付款义务。　　　　　　　　　　　　　　　　　　　　　　　　　　（　　）

2. 采用信用证支付方式，议付行议付后，如开证行倒闭或拒付，可向受益人行使追索权；但开证行与保兑行付款后，则均无追索权。　　　　　　　　　　　　　（　　）

3. 可转让信用证只能转让一次，因而第二受益人不能要求将信用证再转让给第三受益人，也不能再转让给第一受益人。　　　　　　　　　　　　　　　　　　　（　　）

三、案例分析题

上海 A 出口公司（以下简称 A 公司）与香港 B 公司（以下简称 B 公司）签订一份买卖合同，成交商品价值为 418 816 美元。A 公司向 B 公司卖断此批产品。合同规定：商品均以三夹板箱盛放，每箱净重 10 千克，两箱一捆，外套麻包。B 公司如期通过中国银行香

港分行开出不可撤销跟单信用证，信用证中的包装条款为：商品均以三夹板箱盛放，每箱净重 10 千克，两箱一捆。对于合同与信用证关于包装的不同规定，A 公司保证安全收汇，严格按照信用证规定的条款办理，只装箱打捆，没有外套麻包。"锦江"货轮将该批货物5000 捆运抵香港。A 公司持全套单据交中国银行上海分行办理收汇，该行对单据审核后未提出任何异议，因信用证付款期限为提单签发后 60 天，不做押汇，中国银行上海分行将全套单据寄交开证行，开证行也未提出任何不同意见。但货物运出之后的第一天起，B 公司数次来函，称包装不符要求，重新打包的费用和仓储费应由 A 公司负担，并进而表示了退货主张。A 公司认为在信用证条件下应凭信用证来履行义务。在这种情况下，B 公司又通知开证行"单据不符"，A 公司立即复电主张单据相符。

问：A 公司依据信用证行事是否合法、合理？为什么？

项目八

探知出口退税环节单证基础

项目八

项目目标

◇ **知识目标**

1）掌握出口退税程序的含义和出口退税程序。

2）掌握出口退税所需的单据。

◇ **能力目标**

1）能辨析出口退税程序。

2）能计算出口退税收入。

3）能整理出口退税所需的单据。

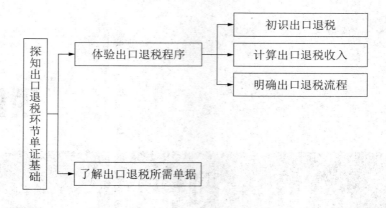

任务一　体验出口退税程序

情境导入

在货物出口后，青锋公司业务员王海伦得知还有很重要的出口退税环节。什么是出口退税？如何进行出口退税？

◎ 回音壁

下面，让我们一起来学习出口退税的程序。

一、初识出口退税

（一）出口退税的含义

出口退税又称出口货物退税，是指对出口货物退还国内生产、流通环节已经缴纳的商品税，主要指增值税和消费税。

为了使企业的出口产品能以不含税的价格参与国际市场的竞争，世界各国普遍采用出口退税的方式。

贸易型的企业，则需到市级的国家税务部门办理出口退税；生产型的企业，则只需到县（区）级国家税务部门办理出口退税。

即问即答

> 上海华生文具有限公司是上海市黄浦区的一家生产型的企业，该公司应到哪一级国税局办理出口退税？

 参考答案

（二）出口退税率

出口退税的产品通常是外贸企业出口的已税产品。

从 2004 年 1 月 1 日起，中国对不同出口货物主要有 17%、13%、11%、8%、5%五档退税率。不同产品在不同时期的退税率也不同，主要根据是整个世界经济环境以及国内产品结构调整的需要。例如，受国际金融危机的影响，从 2008 年 11 月 1 日起，国家将部分玩具出口退税率提高到 14%。2012 年年底，在外贸形势继续疲软的情况下，我国将玩具的出口商品退税率又提高到了 17%。

 即问即答

> 国家为什么对原油的出口不予退税？

 参考答案

 加油站

国家明确不予退税的出口产品

1）出口的原油。
2）援外出口产品。
3）国家禁止出口的产品。
4）出口企业收购出口外商投资的产品。
5）来料加工、来料装配的出口产品。
6）军需工厂销售给军队系统的出口产品。

7）军工系统出口的企业范围。

8）对钻石加工企业用国产或进口原钻石加工的钻石直接出口或销售给外贸企业出口。

9）齐鲁、扬子、大庆三大乙烯工程生产的产品。

10）未含税的产品。

11）个人在国内购买、自带出境的商品暂不退税。

二、计算出口退税收入

目前，出口退税是出口企业的一项重要收入。出口退税收入的多少与采购成本、增值税率、出口退税率都有关系。其计算公式为

$$出口退税收入＝采购成本/（1＋增值税率）×出口退税率$$

【例 8-1-1】某一毛绒玩具增值税率为 17%，出口退税率为 15%。供货价为每只 6 人民币元（含增值税 17%）。试计算每只毛绒玩具的出口退税收入。

解：出口退税收入＝采购成本/（1＋增值税率）×出口退税率

$$＝6/(1＋17\%)×15\%$$

$$≈0.77（人民币元/只）$$

答：每只毛绒玩具的出口退税收入是 0.77 人民币元。

三、明确出口退税流程

企业在出口后 90 天内前往国家税务局办理出口退税业务，逾期不报的，国家税务局不再受理该笔货物的出口退税申报。

出口退税环节主要分为网上申报和现场退税办理。

1. 网上申报

1）退税申报数据录入。在出口货物退免税申报系统（登录 http://www.taxrefund.com.cn/ 下载相应的出口退税申报软件）中录入退税申报的完整数据。

2）纳税汇总表录入。录入已缴纳的增值税信息。

3）预申报数据生成。将以上两项数据上传至退税机构，等待审核。

4）审核通过后打印退税数据申报表。

5）正式退税数据生成。数据上传退税机构，打印相关凭证，加盖公司公章，企业法人签字。

2. 现场退税办理

将相关的单据交至相应的退税机构，即可办理出口退税。

任务训练

在线测试及参考答案

一、单项选择题

1. 出口退税网上申报的步骤有以下五步：①正式退税数据生成；②退税申报数据录入；③预申报数据生成；④审核通过后打印退税数据申报表；⑤纳税汇总表录入。以下排序正确的是（　　）。

 A. ①③②⑤④

 B. ②⑤③④①

 C. ②⑤③①④

 D. ①⑤②③④

2. 以下产品不是国家明确规定不予退税的是（　　）。

 A. 原油

 B. 援外物资

 C. 国家限制出口的货物

 D. 文具用品

3. 企业出口后，应在（　　）天内前往国家税务局办理出口退税业务，逾期不报的，国家税务局不再受理该笔货物的出口退税申报。

 A. 90 天

 B. 180 天

 C. 60 天

 D. 30 天

二、判断题

1. 出口退税主要是退还货物在国内生产环节、流通环节所征收的增值税、消费税和所得税。（　　）

2. 出口退税收入的多少与出口退税率并没有多大的关系。（　　）

3. 玩具的出口退税率从 2008 年的 14%提高到 2012 年的 17%，说明国家越来越支持玩具的出口。（　　）

三、简答题

我国某公司出口仪器 1000 台，进货成本为 117 人民币元/台（含增值税 17%），经查阅，出口退税率为 9%，则该公司能从税务部门获得多少出口退税收入？

四、案例分析题

五年期间，"××公司"出口劳保手套 6000 万双，报关金额 6402 万美元，与国外客户的实际成交价为 2473 万美元，高报出口 3929 万美元，指使 49 户生产厂家虚开增值税专用发票 1707 份，金额 15 210 万元人民币，税款 2585 万元人民币，价税合计 17 796 万元人民币，骗取出口退税总值 5469 万元人民币，该市国税局做出对"××公司"已取得骗取出口退税款 1305 万元人民币进行追缴，处以 2 倍罚款 2610 万元人民币的处理决定，采取税收强制执行措施将"××公司"离岸账户存款 240 万美元追缴入库，拟追缴外贸公司已退税款 1043 万元人民币，外贸公司未退税款 1506 万元人民币不予退税，其余骗税款已由各地税务机关陆续追缴并处理，公安机关批捕涉案人员 8 人，其中该公司法人代表已由该市检察院以涉嫌虚开增值税专用发票和骗取出口退税罪向该市中级人民法院提起公诉，等待他的将是法律的严厉制裁。

问：该案例反映了什么问题？

任务二　了解出口退税所需单据

情境导入

王海伦在认识了出口退税的含义与退税收入计算方法以及出口退税程序后，决定对出口退税所需的单据做一番了解。那么，出口退税需要哪些单据呢？

◎ 回音壁

出口退税所需单据有出口货物报关单退税联、外销发票和增值税发票。下面，我们来学习出口退税所需的单据。

国家税务局根据从"中国电子口岸"数据中心接收到的电子数据和国家外汇管理局货物贸易外汇监测系统传来的数据，对企业的贸易真实性等情况进行审核。审核无误后，即可为企业办理出口退税。

企业在办理出口退税时，需要提供以下三份单据：出口货物报关单退税联（图 8-2-1）、外销发票（图 8-2-2）、增值税发票（图 8-2-3）。

中华人民共和国海关出口货物报关

预录入编号：92811670　　　　　　　　　　海关编号：310120130517329481

出口口岸 北仑海关 3104		备案号		出口日期 2016-01-01	申报日期 2015-12-31
经营单位 上海华生文具有限公司 3301960145		运输方式 水路运输	运输工具名称 YMUPWARD/031W		提运单号 KKLUN B5618376
发货单位 上海华生文具有限公司 3301960145		贸易方式 一般贸易　0110		征免性质 一般征税（101）	结汇方式 电汇
许可证号	运抵国（地区） 法国（305）		指运港 法国（305）		境内货源地 东阳（33199）
批准文号	成交方式 FOB	运费		保费	杂费
合同协议号 HVF-01-1345	件数　896	包装种类　纸箱		毛重（千克）22 000	净重（千克）21 500
集装箱号　2	随附单据			生产厂家	
标记唛码及备注　31001730 　　集装箱号：KKTU7766069					

项号	商品编号	商品名称、规格型号	数量及单位	最终目的国（地区）	单价	总价	币制	征免
1.	39181090	塑胶地板	21 500.000 0 千克	法国（305）	11.096 1	27 171.67	USD	照章征税
（0）PVC40% 碳酸钙60%｜无牌｜PG639			2 448.768 0 平方米			美元		

税费征收情况

录入员　录入单位	兹声明以上申报无讹并承担法律责任	海关审单批注及放行日期（签章） 2016-01-24	
		审单	审单
报关员			
	申报单位（签章） 上海华鸣报关有限公司	征税	统计
单位地址 上海华鸣报关有限公司		查验	放行
邮编　　　电话　　　填制日期			

图 8-2-1　出口货物报关单退税联

浙江省国家税务局通用机打发票

退 税 联   发票代码：**133011310149**

发票号码：**00742535**

开票日期：2016 年 01 月 03 日   行业分类：   出口业务   网络发票号：3308551159976634

购货方名称 Buys the supplier	M.S DIFFUSION	销售方名称 Sells the supplier	
装船口岸 From	NINGBO	合同号码 Contract NO.	HVP-01-1345
目的地 To	FRANCE	成交方式：FOB	
信用证号数 Letter of Credit NO.		开户银行 Issued by	BANK OF HANGZHOU CO.LT D

唛号 Marks&Nos.	货物名称 Description of oods	数量 Quantities	单位 Unit	单价 Unit price	总值 Amount
N/M USD 27 171.67	VINYL PLANK	2448.768	SQM	USD 11.096 057 28	

上 海 华 生 文 具 有 限 公 司
SHANGHAI HUASHENG STATIONERYCO., LTD

年　　月　　号

销售收入：

销售成本：

备注
货物离岸合计金额　　USD27 171.67

发票专用章

合计 TOTAL　　USD 27 171.67

开票单位（盖章）　　　　　　　　　　开票人：×××

图 8-2-2　外销发票

增值税专用发票

抵扣联

No.:

开票日期：

购货单位	名　　　　称：		密码区					
	纳税人识别代码：							
	地　址、电　话：							
	开户行及账号：							
货物或应税劳务名称	规格型号	单位	数量	单价	金额	税率	税额	
合计								
价税合计		（小写）						
销售单位	名　　　　称：		备注					
	纳税人识别代码：							
	地　址、电　话：							
	开户行及账号：							

第二联　抵扣联　购货方扣税凭证

收款人：　　　　　复核：　　　　　开票人：　　　　　销售单位：

图 8-2-3　增值税专用发票

加油站

货物贸易外汇管理制度改革内容概要

　　国家外汇管理局、海关总署、国家税务总局决定，自 2012 年 8 月 1 日起在全国实施货物贸易外汇管理制度改革，并相应调整出口报关流程，优化升级出口收汇与出口退税信息共享机制。公告主要内容如下：

　　1. 改革货物贸易外汇管理方式

　　改革之日起，取消出口收汇核销单，企业不再办理出口收汇核销手续。国家外汇管理局分支局对企业的贸易外汇管理方式由现场逐笔核销改为非现场总量核查。

　　2. 对企业实施动态分类管理

　　外汇管理部门根据企业贸易外汇收支的合规性及其与货物进出口的一致性，将企业分为 A、B、C 三类。对不同类的企业，在外汇收支单证审核、业务类型、结算方式等方面要求不同，外汇管理部门根据企业在分类监管期内遵守外汇管理规定情况进行动态调整。

 3．调整出口报关流程

 改革之日起，企业办理出口报关时不再提供核销单。

 4．简化出口退税凭证

 出口企业申报出口退税时，不再提供核销单。

 5．出口收汇逾期未核销业务处理

 2012年8月1日前报关出口的货物，截至7月31日已到出口收汇核销期限的，企业应不迟于7月31日办理出口收汇核销手续。

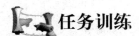 **任务训练**

一、单项选择题

 1．实行新的退税制度后，（ ）不是出口退税必需的单据。

  A．出口货物报关单退税联   B．增值税发票

  C．出口外汇核销单退税联   D．外销发票

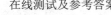 在线测试及参考答案

 2．国家税务局根据从"（ ）"数据中心接收到的电子数据和国家外汇管理局货物贸易外汇监测系统传来的数据，对企业的贸易真实性等情况进行审核。审核无误后，即可为企业办理出口退税。

  A．中国电子口岸   B．进口商

  C．银行   D．商检局

 3．国家外汇管理局、海关总署、国家税务总局决定，自（ ）起在全国实施货物贸易外汇管理制度改革，并相应调整出口报关流程，优化升级出口收汇与出口退税信息共享机制。

  A．2012年1月1日   B．2013年8月1日

  C．2013年1月1日   D．2012年8月1日

二、判断题

 1．出口退税环节一般是出口业务中的最后一个环节。   （ ）

 2．出口退税中所用的发票必须是增值税专用发票，不可以是普通发票。 （ ）

 3．外汇管理部门根据企业贸易外汇收支的合规性及其与货物进出口的一致性，将企业分为A、B、C、D四类。   （ ）

三、简答题

实行新的退税制度后，办理出口退税必需的单据有哪些？

四、案例分析题

2013 年 8 月，公安部、国家税务总局挂牌督办的特大骗取出口退税案"7·18"案成功告破，案件涉案金额达 12.8 亿元，涉案税款达 1.8 亿元，刑事拘留 23 人。2012 年告破的"闪电一号"特大骗取出口退税案涉案金额高达 24 亿元，骗取出口退税款 3.28 亿元，抓获团伙成员 37 人。1 个团伙控制 17 家生产企业和 8 家外贸公司，利用 17 家生产企业伪造生产假象，虚开发票给贸易公司。总共虚开发票 7787 份，遍布福建、江苏、甘肃、江西等多个省市地区，涉案税款超亿元。通过骗取出口退税可获得大量钱财，利益的驱动让一些人卷入犯罪的漩涡。

问：该案例反映了什么问题？同时引发我们思考什么问题？

参考文献

陈文培. 2006. 外贸实务一本通[M]. 北京：中国海关出版社.

程文吉，张帆. 2011. 外贸单证[M]. 北京：北京大学出版社.

崔瑾，高自强. 2007. 外贸单证实务[M]. 2版. 北京：高等教育出版社.

范泽剑. 2012. 报检实务[M]. 北京：机械工业出版社.

费景明，罗理广. 2012. 进出口贸易实务[M]. 3版. 北京：高等教育出版社.

冯永根. 2011. 外贸单证教程[M]. 上海：世界图书出版公司.

顾建华，邱晓茜，徐波. 2010. 外贸单证实务[M]. 北京：清华大学出版社.

罗兴武. 2012. 进出口报关实务[M]. 北京：中国人民大学出版社.

屈韬，何秉毅. 2011. 外贸单证实务[M]. 上海：上海财经大学出版社.

施旭华. 2012. 国际商务单证[M]. 大连：东北财经大学出版社.

吴百福. 2003. 进出口贸易实务教程[M]. 上海：上海人民出版社.

许宝良，张晓晨. 2013. 外贸制单[M]. 2版. 北京：高等教育出版社.

杨晓波，刁宇凡. 2013. 报检实务[M]. 北京：电子工业出版社.

姚大伟. 2009. 国际商务单证理论与实务[M]. 上海：上海交通大学出版社.

叶德万，陈原. 2011. 国际贸易实务案例教程[M]. 3版. 广州：华南理工大学出版社.

余世明. 2010. 国际商务单证实务[M]. 广州：暨南大学出版社.

张艰伟. 2007. 国际贸易业务流程[M]. 北京：高等教育出版社.

张芝萍. 2012. 外贸单证实务[M]. 2版. 上海：上海交通大学出版社.

赵劼，丁春玲. 2013. 国际商务单证实务[M]. 北京：清华大学出版社.